百姓财经知识读本

活学巧用银行卡

胡冬鸣　编著

中国财经出版传媒集团
中国财政经济出版社

图书在版编目（CIP）数据

活学巧用银行卡/胡冬鸣编著.—北京：中国财政经济出版社，2017.9
（百姓财经知识读本）
ISBN 978-7-5095-7599-4

Ⅰ.①活… Ⅱ.①胡… Ⅲ.①信用卡-基本知识-中国 Ⅳ.①F832.46

中国版本图书馆 CIP 数据核字（2017）第 170277 号

责任编辑：李 冰 　　　　责任校对：刘 靖
封面设计：陈宇琰

中国财政经济出版社 出版

URL：http：//www.cfeph.cn
E-mail：cfeph@cfeph.cn
（版权所有　翻印必究）
社址：北京市海淀区阜成路甲28号　邮政编码：100142
营销中心电话：88190406　北京财经书店电话：64033436　84041336
北京富生印刷厂印刷　各地新华书店经销
880×1230毫米　32开　7.75印张　154 000字
2017年9月第1版　2017年9月北京第1次印刷
定价：28.00元
ISBN 978-7-5095-7599-4
（图书出现印装问题，本社负责调换）
本社质量投诉电话：010-88190744
打击盗版举报热线：010-88190414、QQ：447268889

前　言

截至 2016 年 6 月末，中国国内信用卡和借贷合一卡发卡数量共计 4.73 亿张，与 2015 年度同比增长 9.26%。其中，人均持有信用卡数量 0.31 张，信用卡授信额度总额 8.05 万亿元，同比增长 25.44%；信用卡卡均授信额度 1.7 万元，授信使用率 44.3%；信用卡应偿信贷余额 3.57 万亿元，同比增长 25.44%。从信用卡累计发卡量来看，中国工商银行、中国建设银行、招商银行稳居前三，浦发银行成为 2016 年度"黑马"脱颖而出，其信用卡流通户数增长近 50%，信用卡透支余额和收入增长均超 100%。《全国人民代表大会常务委员会关于〈中华人民共和国刑法〉有关信用卡规定的解释》中所规定的信用卡，是指由商业银行或者其他金融机构发行的具有消费支付、信用贷款、转账结算、存取现金等全部功能或者部分功能的电子支付卡。信用卡具体品种有贷记卡和准贷记卡两类，或者说是贷记卡和借贷合一卡。从中国人日常生活使用习惯来看，大多数持卡人仍旧使用借记卡存放工资、积蓄及其理财产品，本书统称作银行卡。

　　银行卡是西方人的发明，中国于 1985 年有了第一张银行卡，经历了培育阶段、初级阶段和成长阶段。都市人已离不开银行卡了。工资和储蓄离不开银行卡、各种购物和服务消费离不开银行卡、债务清算离不开银行卡、贷款买房买车离不开银行卡，甚至连吃上一份早餐和进街边小店买点零食恐怕也都离不开银行卡。而互联网技术的快速发展使得信用卡的功效发挥几乎达到了极致，以至于未来很长一段时间很难再离开它。但是说来说去，银行卡基于良好的信誉基础。使用银行卡的人在享受其带来诸多方便和实惠的同时，也要认识到大家都是在用自己的信誉支撑着银行卡。

　　银行卡还在不断创新，许多新的功能在不断被开发和使用。但从实际使用情况来看，银行卡的许多功能并未被目前的广大持卡人所熟悉，大部分持卡人可能只是用到了银行卡全部功能的很小一部分，而大部分功能被闲置了。写这本小册子的想法就是帮助持卡人熟悉国内主要银行卡品种的使用规则和使用技巧，希望给您的出行、消费和理财带来更多的方便和启示，帮您挖掘出更多的信用卡"潜能"。

作者写于融科香雪兰溪

2017 年 6 月

目 录

1. 借记卡、贷记卡、准贷记卡，卡卡不同   1
2. 卡面标注 UnionPay、VISA、MasterCard、American Express、Diners Club、JCB 是什么意思   10
3. 信用卡的申请与激活   18
4. 银行卡的收费标准   30
5. 圈存与圈提   35
6. 看懂信用卡对账单   40
7. 信用卡提高额度   45
8. 信用卡额度够用就行   50
9. 贷记卡提现要慎重   56
10. 卡的挂失有多种   61
11. 互联网＋信用卡   67
12. 网银的安全性没有传说中的那样糟   72
13. 使用支付宝   80
14. 支付宝、Apple Pay 和微信三种结算平台的使用都须绑定信用卡   83

15. 刷卡消费的规矩　　89
16. 境外消费什么样的信用卡最实惠　　96
17. 境外用卡要谨慎　　101
18. 巧用信用卡分期　　113
19. 信用卡多了并非好事　　119
20. 信用卡的还款　　122
21. 学会使用银行自助设备　　130
22. POS机套现是怎么回事　　138
23. 注意个人不良信用记录　　145
24. 卡里的钱不翼而飞　　150
25. 麻烦的验证服务　　159
26. 芯片卡并非绝对安全卡　　165
27. 住酒店等需要预授权的各种交易　　171
28. 银行卡快捷支付的使用　　176
29. 信用卡积分可派大用场　　186
30. 不让孩子做"卡奴"　　192
31. 恶意透支惹麻烦　　199
32. 信用卡给我们带来的最大实惠　　204
33. 揭秘高端信用卡　　208
34. 全币种卡的差别　　213
35. 关注名单　　218
36. 让信用卡远离洗钱风险　　223
37. 信用卡里不要随便存钱　　230
38. 信用卡安全使用须知　　235

1. 借记卡、贷记卡、准贷记卡，卡卡不同

借记卡是指先存款后消费（或取现）且不具备透支功能的银行卡。借记卡是一种具有转账结算、存取现金、购物消费等功能的信用工具。借记卡账户内的金额按活期存款计付利息。如果借记卡只适用于本地商户，通常会印有发卡机构的标志及其适用的处理系统。国际通行的借记卡外形与贷记卡一样，并于右下角印有国际支付卡机构的标志。它通行于所有接受贷记卡的销售点。唯一的区别是：当使用借记卡时，金额会自动从银行账户扣除，而不是计入信用额度内。

"借记"意味着"扣除"。持卡人消费的付款是从自己的银行账户中扣除相应金额，即持卡人花的是自己账户中的钱，不存在借钱消费。借记卡以个人结算账户为基础账户，并可以关联活期一本通、定期一本通、零存整取、存本取息、个人支票及贷记卡等多个账户，实现关联账户之间的转账。可免除持卡人携带多个存折的不便及风险。借记卡的主要功能描述如下：

(1) ATM服务。持卡人可全天24小时在发卡银行ATM上办理存款、取款、转账、更改密码、查询余额等业务,并可在任何带有与银行卡同一国际发卡机构标志的ATM上办理查询和取款等业务,不受网点营业时间限制,方便快捷。

(2) 购物消费。持卡人凭借记卡及预留密码,可在各家银行特约商户和带有与银行卡同一国际发卡机构标志的商户(商场、酒店、娱乐场所等)刷卡消费,无须支付任何手续费,为持卡人免去携带现金消费的诸多麻烦。国内多家商业银行发行的借记卡均开通了在中国香港和中国澳门地区刷卡消费免收手续费的服务。

(3) 网上银行服务。持卡人通过申请电话银行、网上银行服务,可随时掌握账户动态,便捷缴纳各种公用事业费用,了解最新的利率及汇率信息,轻松实现理财和支付结算。

(4) 投资理财。持卡人通过借记卡可方便办理各种金融投资业务,包括记账式国债、开放式基金、外汇投资、银证转账等,方便持卡人统一管理和使用资金,实现资金的保值和增值。

(5) 生活服务。国内众多商业银行为各类企事业单位提供"代发工资"服务,为个人客户提供缴纳水、电、煤气、电话等各种公用事业费用的服务以及手机缴费和充值服务。

借记卡是电子贸易中最普遍使用的支付工具之一。全球已有超过2000万个销售网点接受国际品牌的签名式借记卡。易用是借记卡越来越受欢迎的重要原因。借记卡不但能帮助持人省却携带现金的麻烦，使用方便，付款快捷，而且其对账单可以清晰地显示所有交易记录，为核对账务提供了便利。借记卡卡面如图1所示。

图1　借记卡卡面样式

借记卡应妥善存放保管。持卡人切勿把借记卡交给或借给他人使用；切勿将借记卡放置在磁性物体附近，包括手机和其他电子用品周围；借记卡与身份证件最好分开存放保管。从安全角度考虑，目前借记卡具有和贷记卡一样的安全保障。但需要强调的是，发卡机构虽向持卡人提供安全保障，但并不表示持卡人可以不在意自身的借记卡安全。借记卡如同银行账户中的资金一样，应由持卡人本人妥善保管。

如果持卡人在激活借记卡时设置了查询密码和支付密码，则在消费和查询余额信息时须要输入个人密码。借记卡持卡人须在借记卡的背面签名条处预留自身签名字样，与使用贷记卡一样，消费时需在收据上签名。目前有些国家借记卡只要求使用密码操作，而有些国家借记卡则凭签名确认。不论借记卡的具体使用规定如何，持卡人在消费时的金额都会自动从借记卡的账户中扣除，借记卡在ATM（自动柜员机）上提款时也都需使用个人密码。国内大多数银行在发卡时会给持卡人一个初始密码。而持卡人在激活银行卡后可重新设置新密码。借记卡在使用的过程中应在以下几个方面特别注意。

（1）卡片保管。借记卡一旦丢失或被盗就存在被冒用或伪造的风险。持卡人应像保管现金一样保管卡片，不可随手放置，更不能转借他人。身份证件和借记卡应分开保管。

（2）密码保护。持卡人应妥善保管好借记卡的密码，泄漏密码会带来极大的风险。有些借记卡要求持卡人设置交易、取款、查询、登录等多个密码，应注意交易和取款密码尽量不要与其他密码相同。密码设置应易记且难以破译。不要将多个重复数字、过于简单的数字、电话号码、个人身份证号码、自己生日或其他易被他人获取的个人资料作为密码使用。不要将密码告诉任何人，包括银行工作人员、公安人员。刷卡消费、转账和取款输入密码时，要注意用身体进行有效遮挡，并注意头顶位置是否安装有摄像装置。通过自动柜员机修改密码时，请确认没有其他人看见输入的密码。领卡时请首先检查密码信封是否完好无损，如已破损，请勿使用，应立即与银行工作人员联系，办理密码重置业务；如无破损，签领后请立即在自助设备或通过发卡银行服务热线更改密码，并销毁密码信封。

（3）信息保护。注意保护借记卡卡号、身份证件号码等，不要随意丢弃填写了个人信息的书面材料或刷卡单据。作废的载有个人信息的银行单据应做粉碎处理。个人通讯信息变更，应及时通知银行，以便持卡人和发卡银行保持联系。

（4）及时挂失：发现卡片丢失或被盗后，应马上拨打银行客服电话或到就近银行网点迅速挂失，将损失降到最低。如需密码挂失，可通过银行网点、电话银行等渠道办理；如需修改密码，可通过银行网点、ATM、电话银行渠道办理。

贷记卡是指发卡银行给予持卡人一定的信用额度，持卡人可在信用额度内先消费，后还款的银行卡。贷记卡是真正意义上的信用卡，具有信用消费、转账结算、存取现金等功能。它具有先消费后还款，享有免息缴款期（如表1所示，国内贷记卡最长免息期可达56天），并设有最低还款额，客户出现透支可自主分期还款的特点。贷记卡由银行或贷记卡公司依照用户的信用度与财力发给持卡人，持卡人持卡消费时无须支付现金，待还款日时再进行还款。

贷记卡相比借记卡来说，使用的特点是可以在卡里没有资金的情况下进行普通消费，在很多情况下只要按期归还消费的金额就可以了。其主要的优势体现在以下几个方面：不需要存款即可透支消费，并可享有20~56天的免息期（如表1所示）。部分商业银行只要持卡人按时还款，透支利息分文不收（大部分银行取现当日就会收取5‰的利息，还有2%的手续费，中国工商银行取现免收手续费，只收利息）；购物时刷卡不仅安全、方便，还有积分礼品赠送；持卡在银行的特约商户消费，可享受折扣优惠；积累个人信用，可为持卡人的信用档案增添诚信记录,让持卡人终生受益;通行全国无障碍,在有银联标识的 ATM 和 POS 机上均可取款或刷卡消费(贷记卡只适合消费刷卡,最好不要取现,取现手续费用较高,很不划算,主要是应急时使用并注意及时还款);刷卡消费、部分贷记卡取现有积分,全年多种优惠及抽奖活动,让持卡人只要用卡就能时刻感到惊喜(多数贷记卡网上支付无积分);每月免费获得邮寄的纸质对账单或者是电子对账单,让持卡人透明掌握每笔消费支出;特有的附属卡功能,适合夫妻共同理财,或掌握子女的财务支出;自由选择的一卡双币形式,通行全世界,境外消费可以使用人民币在境内还款;客服电话 24 小时昼夜服务,挂失即时生效,失卡零风险;国内贷记卡有效期一般为 3 年或 5 年;利用第三方平台进行商务合作,为持卡人提供优惠服务。

表 1　　　　中国主要商业银行免息还款期限

商业银行	免息还款期
中国银行	20~50 天
中国建设银行	20~50 天
中国工商银行	25~56 天
中国农业银行	25~56 天
交通银行	25~56 天
中信银行	20~50 天
招商银行	20~50 天
光大银行	20~50 天

续表

商业银行	免息还款期
兴业银行	20～50 天
民生银行	20～50 天
平安银行	20～50 天
北京农商银行	25～56 天
华夏银行	25～56 天

贷记卡像一把双刃剑，可以解决经济上的暂时危机，但银行发行贷记卡的目的是赚钱，一旦超过无息还款的时间，就会收取高额的利息，一般是每日 0.05% 的利息。而且刷卡不像付现金那样一张一张把钞票花出去，消费时没什么感觉，往往导致盲目消费。持卡人进行分期付款，提前享用自己心仪物品的同时，更要考虑自身是否有能力偿还。如果持卡人不会打理贷记卡，可能导致最后还款日到了也不能如期还款，银行会向持卡人收取高额利息，通常贷记卡的首月最低还款额不得低于其当月透支金额的 10%。目前国内银行发行的贷记卡基本上都有年费，但又都有免年费的政策，比如中国建设银行每年只要刷卡 3 次就可以免除年费；中国工商银行每年刷卡 6 次则可免年费。但是如果持卡人每年刷卡没有达到银行指定的次数，银行就需要收取年费。目前国内贷记卡基本默认凭密码刷卡消费，这就很容易在贷记卡丢失或被盗时被别人盗刷，给持卡人造成不必要的麻烦或损失。很多人缺乏经验，注销了贷记卡后没有销户，被一些不法分子重新申请，并使用贷记卡透支。值

得注意的是，持卡人如长期恶意欠款，会影响个人信用记录，甚至被银行列入黑名单，以后要向银行贷款买房、买车，就会有可能被银行拒绝。

准贷记卡是一种具有中国特色的贷记卡，目前国外并没有这种类型的卡种投放。准贷记卡是在20世纪80年代后期中国银行业从国外引入后推出的自有信用卡产品。由于当时中国个人信用体制并不是很完善，中国银行业对国外的信用卡产品进行了一定的更改，将国外传统的信用卡存款无利息，透支有免息期更改为存款有利息、透支不免息。准贷记卡兼具贷记卡和借记卡的部分功能，使用时先存款后消费，存款计付利息。持卡人购物消费时可以在发卡行核定的额度内进行金额透支，且没有免息还款期和最低还款额，但透支金额自透支之日起计息，且欠款必须一次还清，其基本功能是转账结算和购物消费。

国内大部分银行规定，持卡人使用借记卡在发卡银行当地营业柜台或该行当地自助设备上存取现金，无需缴纳任何费用，但如果是在发卡银行异地营业网点和自助设备上存取现金或是通过银联等网络进行跨行（在非发卡银行）存取现金等交易，需要支付相应的手续费。

借记卡、贷记卡、准贷记卡的主要区别如表2所示。

表 2   借记卡、贷记卡、准贷记卡的主要区别

区别项目	借记卡	贷记卡	准贷记卡
用款规则	先存后用	先用后还	先存后用,可适当透支
存款是否计息	存款计息	存款不计息	存款计息
取现手续费	同城取现无手续费	取现收取高手续费	同城取现无手续费
年费水平	年费较低	年费较高	年费介于借记卡和贷记卡之间
使用年限规定	无使用年限限制	芯片磁条卡使用年限 3~10 年 纯芯片卡使用年限 3~10 年 磁条卡使用年限 3~5 年	芯片磁条卡使用年限 3~10 年 纯芯片卡使用年限 3~10 年 磁条卡使用年限 3~5 年
对账单提供	不提供对账单,可索取	每月免费提供账单	不提供对账单,可索取
透支特征	不可透支	透支额度较大	透支额度较小
免息还款期		免息还款期最长 56 天	无免息期
计息方式		免息期后每日按 5‰ 复利计息,超信用额度部分按 5% 收取滞纳金	自透支之日起每日按万分之五单利计息
透支天数		无透支天数约束	最长透支天数 60 天

2. 卡面标注 UnionPay、VISA、MasterCard、American Express、Diners Club、JCB 是什么意思

国际上著名的信用卡发卡机构主要有：维萨国际组织（VISA International）和万事达卡国际组织（MasterCard International）两大组织及美国运通国际股份有限公司（American Express）、大莱信用卡有限公司（Diners Club）、JCB 日本国际信用卡公司（JCB）三家专业信用卡公司。此外，地区性的信用卡组织，如欧洲的 EUROPAY、中国的银联、中国台湾地区的联合信用卡中心也都非常出名，使用范围越来越广。

银联，英文全称是 UnionPay，是中国银联组织所发信用卡的标识。中国银联是经中国人民银行批准的、由国内 80 多家金融机构共同发起设立的股份制金融服务机构，注册资本 16.5 亿元人民币。公司于 2002 年 3 月 26 日成立，总部设在上海。加印"银联 UnionPay"标识的银行卡（如图 2 所示），必

图 2　中国银联及银联闪付标识

须符合中国人民银行规定的统一业务规范和技术标准,并经中国人民银行批准。双币信用卡上除了有银联的标识,还有VISA、MasterCard、美国运通（American Express）、JCB 的标志（如图 3、图 4、图 5、图 6 所示）。

图 3　VISA 国际组织标识

图 4 万事达 MasterCard 国际组织标识

图 5 美国运通标识

图 6 大莱俱乐部和 JCB 标识

"银联"标识推出的目的是为各种自动柜员机和销售点终

2. 卡面标注 UnionPay、VISA、MasterCard、American Express、Diners Club、JCB 是什么意思

端机受理各商业银行发行的银行卡提供统一的识别标志，以便使不同银行发行的银行卡能够在带有"银联"标识的自动柜员机和销售点终端机上通用，为广大消费者提供方便、快捷、安全的金融服务。中国银联 China UnionPay 是中国银行卡联合组织，其发行的银行卡，除了不能用外币结算，功能上和 VISA、MasterCard 没有什么区别。

VISA 国际组织，英文全称是 VISA International Service Association，简称 VISA International，是全球性的非营利性组织，由所有愿意发行 VISA 卡的银行共同参与，总部设在美国旧金山湾区。VISA 国际组织将全世界共划分为六大区域执行业务，为各区域会员提供服务及业务推广。VISA 国际组织积极研发推广各项塑料货币产品，如智能卡、转账卡等。VISA 不仅仅是支付卡或信用产品的代名词，而且以 VISA 为品牌的产品与服务，代表着最安全、最便利、最可靠的支付方式，让消费者能在任何时间、任何地点、以任何方式进行交易。当持卡人使用 VISA 卡进行网上购物时，可配备一组个人密码，以确保只有持卡人才可以使用自己的 VISA 卡。其注册过程十分简单，并且这项服务是免费的。

VISA 是全球最富盛名的支付品牌之一。VISA 全球电子支付网络"Visa Net"是世界上覆盖面最广、功能最强和最先进的消费支付处理系统，不断履行使 VISA 卡通行全球的承诺。目前，全世界有超过 2000 万个特约商户接受 VISA 卡，有超过 84 万台遍布世界各地的 ATM 授理 VISA 卡支付。VISA 国际组

织本身并不直接发卡。在亚太区，VISA 国际组织有超过 700 个会员金融机构发行各种 VISA 支付工具，包括信用卡、借记卡、公司卡、商务卡及采购卡。VISA 分别于 1993 年和 1996 年在北京和上海成立代表处。VISA 在国内拥有包括银联在内的 17 家中资会员金融机构和 5 家外资会员银行。

万事达卡国际组织（MasterCard International Incorporated）同样是全球性的非营利性组织，由所有愿意发行 MasterCard 卡的银行共同参与。除提供全球信用卡网络及清算外，万事达卡国际组织积极研发推广各项塑料货币产品，如转账卡、储值芯片卡、白金卡等。万事达国际组织于 20 世纪 50 年代末至 60 年代初期创立了一种国际通行的信用卡体系，旋即风行世界。1966 年，万事达卡国际组织的前身只是初步组成的一个银行卡协会（Interbank Card Association）组织。1969 年银行卡协会收购了 Master Charge 的专利权，统一了各发卡行的信用卡名称和式样设计。随后十年，将 Master Charge 原名改名 MasterCard。万事达卡国际组织是一个包罗世界各地财经机构的非营利性协会组织，其会员包括商业银行、储蓄与贷款协会以及信贷合作社。万事达卡国际组织坚持基本目标始终不渝：沟通国内及国外会员之间的银行卡资料交流，方便发行机构进军银行卡及旅行支票市场，共同谋求发展。万事达国际组织目前主要有万事达和万事顺两种银行卡产品。其中的万事达卡可以脱机使用，受理该卡的商家非常多，而万事顺卡只能联机使用。

美国运通（American Express）自 1958 年在美国发行第

一张运通卡以来,目前其使用者已遍布全球68个国家和地区。美国运通以49种货币发行了运通卡,构建了全球最大的自成体系的特约商户网络,并拥有超过6000万名的优质持卡人群体。成立于1850年的运通公司,最初的业务是提供快递服务。随着业务的不断发展,运通于1891年率先推出旅行支票,主要面向经常旅行的高端客户。可以说,运通服务于高端客户的历史长达百年,积累了丰富的服务经验和庞大的优质客户群体。1958年,美国运通推出第一张签账卡。凭借着百年老店的信誉和世界知名的品牌,当时红极一时的猫王成为第一批持卡人之一。很多经常旅行的生意人成为美国运通卡这一新兴产品的积极申请者。在美国运通卡开业时,签约入网的商户便超过了17000个,特别是美国旅馆联盟的15万卡户和4500个成员旅馆的加入,标志着信用卡被美国的主流商界接受。

大莱信用卡(Diners Club)是美国大莱信用卡公司发行的信用卡。大莱信用卡公司的前身是在1950年春天,由麦克纳马拉与施奈德合伙投资,并在纽约注册成立的一家信用卡公司大莱俱乐部(Diners Club International),后改组称作大莱信用卡公司。大莱俱乐部成立之初实行会员制,向会员提供一种能够证明身份和支付能力的卡片。最初他们与纽约市的14家餐馆签订了受理协议,并向一批特定的人群发放了"大莱卡"。会员凭卡可以在餐馆实行记账消费,再由大莱公司做支付中介,为消费双方之间进行账务清算。信用卡的雏形由此诞生。

　　JCB 信用卡和大莱卡是日本信用卡产业发展史上发行最早的两个卡品牌。当时美国的大莱信用卡公司于 1960 年在日本成立了日本大莱信用卡公司，并向当地的高端客户发行大莱卡，但大莱卡的发卡量微乎其微。JCB 成立之后，决定选择与大莱发行的高端用户卡不同的道路，把卡片定位于大众化的 JCB 卡，并大获成功。处于日本信用卡产业发展初期的 JCB，不论在发卡量，还是在交易额上都领先于其他信用卡公司，在 20 世纪 70 年代至 80 年代间业务量成倍快速增长，JCB 卡成为了日本使用最普及的信用卡。

　　使用信用卡的同时需要注意以下几个方面：境外网上支付跟国内的网上银行毫无关系。境外网上支付，需要提供持卡人的卡号、名字、卡片有效期、CVV，其中 CVV 是指卡片背面签名条标注的就 3 位数字。而为了应对盗刷问题的存在，VISA 和 Master 用 3D 验证系统，就帮持卡人的信用卡设置了一个网上消费的密码。这个功能部分银行是默认关闭的，持卡人可致电发卡银行开通。这个功能是否开放还要取决于商户，部分商户没有开通 3D 验证系统，就算持卡人开通了此功能，在消费时也不需要输入密码。但例如在西班牙铁路的网站，如果持卡人不开通 3D 验证系统，刷卡就无法通过验证。境外网上支付和 3D 验证两项功能是否开通以及您的信用卡是否能成功付款，大部分情况下跟国内发卡银行毫无关系。

　　信用卡还有地区限制的存在。若商户对卡片的发卡地区做

2. 卡面标注 UnionPay、VISA、MasterCard、American Express、Diners Club、JCB 是什么意思

了限制，这些商户可能不接受某些地区发行的信用卡。对此持卡人可以注册 PayPal 绑定信用卡试试。一般情况下美国和欧洲使用在线支付 PayPal 都没有问题且很方便。选择双币卡对应的国际通用货币支付是个不错的选择。

3. 信用卡的申请与激活

目前国内银行办理信用卡的证明文件主要有：居民身份证或者护照；工作证或相关人事部门证明，基本要求工作时间在3个月以上；单位财务部门开具的收入证明，若自主创业则需要工商执照复印件及交税证明；如果能够提供自有房产证或自有车辆证明则更会大大增加办卡成功率和提高透支额度。关于担保人和担保金问题要视具体银行规定。发卡行都会审核申请人的职业、收入、担保人、物业信息的真实性。集体办卡时由于单位能够证明申请人是单位的员工，大多数情况下可以免担保人。

申请人办理信用卡时应注意以下内容：清楚填写个人担保资料；申请人单位、担保人单位必须加盖单位公章；保证人的年龄必须在25岁以上，担保人必须持有效的个人身份证明，有稳定的收入来源；夫妻之间不可相互担保；在申请表的"有效证件处"须粘贴申请人及保证人的身份证复印件；申请人、保证人必须在申请表格中的签名处签名。采用单位担保形式的，必须具备申请人单位营业执照的复印件、法人签章及单位开户银行近 3 个月里的对账单复印件。

如果申请的是双币信用卡就意味着支持外币直接支付，无须开通，直接网上支付就可以。支付时需要填写一些信用卡的资料，尤其是卡的有效期、卡背面磁条签名栏背后的 7 位数字的后 3 位识别码。要识别是否为双币信用卡，只要看看卡面是否有 VISA、MasterCard、American Express、Diners Club、JCB 标识。国内银行所发的信用卡一般是银联标识加 MasterCard 或者 VISA 其中的一个组成的双币。VISA 和 MasterCard 的主要结算货币都是美元，VISA 主要是欧洲和美洲部分地区应用比较广泛，MasterCard 则主要集中在北美地区使用。现在两者的使用范围都差不多。发卡银行还有人民币和欧元、人民币和日元等双币信用卡，如招商银行发行的凯蒂猫系列卡就是人民币和日元的双币卡，上面有银联和 JCB 标识。信用卡选择哪些国际支付结算组织由银行自主决策确定。申请人申请之前问问银行工作人员或者看看申请表格上的说明和卡样就可以了解相关信息。当持卡人收到发卡银行随卡一并寄来的使用手册并仔细阅读其中的内容后，也能判断出所办的信用卡是属于单币卡、双币卡、多币卡，还是全币种卡。由国内银行发行的信用卡，银联的标识当然少不了。如果持卡人的信用卡只有银联标识，那就是单币信用卡。目前，很多持卡人境外消费愿意使用多币种卡，原因是货币转换费是免收的。但这些持卡人容易忽略的一点是：大多数情况下我们还是使用人民币进行还款。而且在国内人民币与美元的汇率属于基础汇率，其他币种汇率属于交叉盘汇率，因而还是可能会产生两次货币转换费。例如，人民币对欧元的汇率是由美元对欧元、人民币对美元两次转换出来的，即会产生两次货币转换费。大多数情况下，人民币对美元的汇率国内商业银行提供的汇率普遍高于外卡组织提供的汇率，使用人民币购汇还款美元要比欧元更划算。所以免货币转换费的 MasterCard 美元账户卡比多币种信用卡划算。需要注意的是：（1）在没有免除货币转换费的 VISA 或 Master 信用卡的情况下，使用银联通道的人民币账户结算更为划算；（2）在有免货币转换费的 VISA 或 Master 信用卡情况下，使用 MasterCard 的美元卡更为划算；（3）在持卡人不需要购汇还款的情况下（支付币种与记账币种相同时），使用多币种信用卡更划算；如果购汇还款，多币种信用卡不一定比 MasterCard 美元卡划算。如今，很多商业银行专门针对境外消费推出了全币种信用卡，不仅可以免货币兑换费，还能享受境外消费优惠折扣活动，因此如果持卡人在境外消费或海淘比较多，就不用纠结该带什么类型的信用卡了，只有全币种信用卡是目前最便利也最经济的选择。

需要说明的是，银行接不接受申请人的申请是一回事，而申请之后的审批结果又是另外一回事。如果申请人生活在小城市，那么能够核发信用卡的目标银行就必须在当地有营业网点。在中小城市，中国工商银行、中国农业银行、中国建设银行、中国银行、招商银行、邮政储蓄银行都是有网点，理论上申请人只能通过这些银行的信用卡审核。没有网点的银行虽然也可以接受申请人通过网上申请、邮寄资料申请等等方式去申办信用卡，并且也受理申请人的申请，但审核结果通常拒绝发卡。因为银行考虑到申请人所在地区没有它们的网点设置，一是还款不方便，二是万一持卡人逾期还款或者不还款，银行追讨起来比较麻烦，成本和风险代价较大。几乎所有银行原则上都不批准没有设置营业网点城市的客户的信用卡申请，除非申请人的资信情况异常优秀。申请人在搞清楚哪些银行可以接受自身信用卡申请之后，就需进一步考虑以什么方式申请信用卡，术语叫"进件途径"。在一些大城市，申请信用卡的方式很多，但各种方式的效果却有所差别。（1）网点申请。申请人本人去银行网点柜台提出申请意愿，并向网点工作人员提交符合要求的申请材料。这种方式是最原始的，也是最麻烦的一种。往往需要提供很多证明材料，手续多，且审核周期一般都需要1个月以上的时间；（2）信用卡营销人员推广。银行信用卡中心专门负责推广办卡的工作人员上门办卡，申请人只要找到他们提交资料，成功率和速度会大大提高。事实是，即便申请人在银行网点申请的信用卡，递交的申请资料也是由网点转交到信用卡中心审批，而且网点不会专门为了一个申请人的一份申请转交，而是等到积累到一定数量后成批的转交到信用卡中心，所以速度都较慢；（3）网上申请信用卡。申请人直接在网上银行填写资料等待审核，审批成功的话，银行邮寄信用卡给申请人，申请人再拿相关证件去银行网点开卡使用。如果申请人已经有了某商业银行的信用卡，就已经建立了自己的信用纪录，只要申请人信用纪录良好，新申请信用卡的透支金额升级成功率会很高。具体来讲，申请信用卡步骤如下：

第一，领取信用卡申请表。申请表可从银行营业网点领取，也可登录银行网站领取；

第二，如实填写申请人资料。申请表上的申请人资料必填项目一般包括个人基本资料、职业资料、信用资料（包括个人的存款余额、每月住房或汽车供款额、已有信用卡数量等）和联系人资料四部分，这是银行审核申请人是否能够获得信用卡的最基本依据；

第三，交寄申请表及证明资料。申请人在交表时须一并提供身份证明复印件、工作证明文件（加盖单位公章的工作证复印件或单位开具的工作证明原件）和财力证明文件（如收入证明、银行存款证明、所得税扣缴凭证复印件等），有的银行还要求申请人附寄居住证明文件，如最近1个月的水电费缴费单据。为了尽快办成，申请人提供的证明当然是多多益善。很多银行提供的申请表本身折叠后就是由对方付费的信封，申请人只需填写完整即可与证明材料一道直接交寄；

第四，银行信用卡中心会对申请人的资料进行系统审核并以此来决定为申请人核发什么种类的卡片以及授予申请人的信用额度。之后申请人的信用卡就会免费邮寄上门或者通知申请人到发卡银行柜台领取。

目前国内各家商业银行在具体办理信用卡时，对主卡和附

3. 信用卡的申请与激活

属卡的申请人需提交的证明文件还存在细缴的不同。

例如，兴业银行对办理信用卡所需证明文件规定如下：（1）必须提供的文件部分有：①身份证明文件（境内居民，大陆居民申请人须提供身份证复印件或军官证复印件须港澳居民回乡证明复印件，台湾居民须提供通行证复印件，同时提供境内居住证件或暂住证明复印件，外籍人士须提供护照复印件）；②工作证明和收入证明文件（工作证明文件：工作证、工作识别证复印件或加盖单位公章的工作证明原件；收入证明文件：最近3个月银行代发工资记录，如工资卡的对账单复印件、个人所得税扣缴凭证复印件或单位开具的收入证明原件。（2）其他证明文件有助于提高申请人的信用额度。主要包括学历、职称、专业资格证书、自有房产证、自有汽车行驶证、兴业银行定期存单复印件、现居住地最近3个月的电话、水、电、煤气费的任一单据原件，其他银行信用卡证明文件（最近3期对账单原件）。

广东发展银行对办理信用卡所需证明文件规定如下：主卡和附属卡申请人身份证明文件（中国居民身份证、军人证件、护照）；居住证明文件（最近1个月的水、电、固定电话费等任一账单且必须为本人名下）；最近连续3个月的工资存折（存折必须包括首页、账户号码及能够清楚辨认的申请人姓名）；户口簿、房产证、行驶证、学历证明、专业职业证书相关财力或能力证明。

上海浦东发展银行对办理信用卡所需证明文件规定如下：

主卡和附属卡申请人的中国身份证明文件原件及正反面复印件。居住证明文件（最近1个月的水、电、煤、电话费等任一账单且必须为申请人本人名下）。提供以下三种收入证明中任一种：最近连续3个月显示工资收入的银行对账单或存折（银行对账单或银行存折必须包括首页且清晰显示账户号码与姓名）；最近连续3个月个人所得税缴税凭证；单位出具的收入证明原件；如果申请人愿意提供更多财力证明，可提供自有房屋产权证或本行储蓄存款凭证。

中国工商银行对办理信用卡所需证明文件规定如下：主卡和附属卡申请人身份证复印件。身份证件是居民身份证、军官证、港澳居民来往内地通行证明、台湾同胞来往内地通行证、外国护照之一。工作证明文件，如工作证明复印件、工作单位开具的工作证明原件、专业资格证书复印件、职称复印件。如果申请人提供了中国工商银行"理财金"账户复印件或硕士（含）以上学历的毕业证书和学位证书复印件，会加快申请人办卡进程。对在公司（企业）类单位工作的申请人，一般须提供房产证明文件（如自有房产证、公有住房租赁协议或公房购买协议，住房贷款合同等资料的复印件）。如果申请人希望申请能得到尽快办理并具有较高的信用额度，请提供以下财力证明文件，如银行代发工资记录、单位开具的收入证明、所得税扣缴凭证、自有汽车行驶证、中国工商银行定期存单等资料的复印件。

交通银行对办理信用卡所需证明文件规定如下：主卡和附

属卡申请人的身份证明文件（身份证、军官证、通行证或护照）；申请人的居住证明文件（最近 2 个月内任何 1 个月的公用事业费账单；银行、证券、保险、基金的对账单；手机费账单；户口簿、驾驶证、房产证、租房合同或社保卡且必须为您本人名下）；提供以下 5 种收入证明中的任何一种：最近 3 个月内任何 1 个月的工资单（工资单未显示单位名称的，须提供工资单原件）；显示申请人姓名和最近连续 3 个月内任何 1 个月收入的银行对账单或银行存折；显示申请人姓名的最近 3 个月任何 1 个月交通银行自动薪金转账的月结单或账户明细清单；以单位名义开具的，显示申请人姓名的工资证明（在证明的信首或信尾须显示雇主单位名称并加盖单位公章）；最近一期的个人所得税完税证明材料。其他证明文件的规定有：企业主须提供显示其姓名、企业名称及开始经营日期的工商营业执照；非境内居民须提供显示有您的雇主名称和日期的工作合约。申请人如能向交通银行提供以下文件，将有助于加快办卡进程，提高信用额度：申请人有效的执业资格证书；申请人自有特业证明文件；申请人自有本地车牌车辆证明文件。

中国银行对办理信用卡所需证明文件规定如下：申请表、主卡和附属卡申请人及担保人的身份证复印件（外国人需为护照及在京有效居住证复印件，港澳台同胞需提供回乡证及身份证复印件）、单位调查信。中国银行认为资信不甚了解和掌握的单位和个人，应交纳 5000～40000 元的保证金（保证金平时不抵用，按定期存款计息）。

招商银行对办理信用卡所需提交的证明文件规定如下：主卡申请人身份证明文件复印件，境内人士须提供居民身份证复印件（招商银行接受18~60周岁的境内人士、25~60周岁的外籍人士申请主卡）；附属卡申请人身份证明文件复印件，境内人士请提供居民身份证复印件（招商银行接受18周岁以上人士申请附属卡）；境外人士的护照或港澳居民来往内地通行证、港澳同胞回乡证或台湾居民来往大陆通行证复印件及在境内的居留证或暂住证复印件；工作证明文件（工作证复印件、工作单位开具的工作证明原件、职称复印件、专业资格证书复印件）；财力证明文件（银行代发工资记录、单位开具的收入证明原件、所得税扣缴凭证、自有房产证、自有汽车行驶证、招商银行定期存单资料的复印件）。

如果发卡银行对申请人的信誉和财力可以比较直接地评价，具有较强的信任度，申请信用卡就是很简单的一件事，只需要申请人填一份申请表，提供一下身份证复印件即可，不用提供工资证明或者房产证明之类资料。

信用卡的领取方式有两种，一种是由银行给申请人发信息，申请人自己去银行柜台领取；另一种是由开卡银行邮寄到申请人的住址或者工作单位。收到信用卡函件并确认没有拆解或损坏后，对照发卡银行信用卡卡函检查卡号、姓名拼音信息，核查无误后请立即在卡片背面的签名条处签名，并在使用信用卡时签署相同式样的签名（如图7所示）。

3. 信用卡的申请与激活　27

图7　信用卡卡面样式

信用卡如果不激活就使用不了。由于信用卡申请通过后是通过邮寄等方式将卡片寄出，所以并不能保证领取人就是申请人。为了使申请人和银行免遭盗刷损失，信用卡在正式启用前设置了激活程序。激活信用卡（或者称作开卡）时，由申请人通过电话、网络或者柜台方式，银行核对持卡人申请时提供的相关个人信息，核对相符后即完成开卡程序。此时申请人变为卡片持有人，在卡片背后签名后可以正式开始使用。

招商银行信用卡客服电话激活流程如下：拨打信用卡背面所示的24小时客户服务热线，选择相应的语种后，输入持卡人的卡号及查询密码；根据语音提示，选择"信用卡激活及密码管理"菜单下的卡激活选项；输入信用卡背面签名栏最后3位数字，按"#"键确认；输入持卡人的住宅电话，按"#"键确认；输入6位数字作为持卡人的交易密码，按"#"键确认；再次输入6位交易密码，按"#"键确认，完成交易密码设置。

目前，不少银行电话激活信用卡时，都要求持卡人使用填写申请表时所标注的固定电话或移动电话号码，否则无法完成激活程序。

交通银行网络方式激活信用卡程序如下：登录交通银行信用卡中心的网银页面，输入持卡人的卡号和查询密码；修改持卡人的查询密码；信用卡初始密码修改成功后，重新登录网银界面；点击"信用卡激活"，根据页面的提示输入持卡人信用卡背面签名栏上最后3位数字及住宅电话；激活成功后根据提示输入6位数字作为持卡人的交易密码；若持卡人没有在申请表上勾选"使用密码确认交易"功能，可在设置完成后将交易模式变更为"密码+签名"的方式。

信用卡未激活前请勿进行刷卡操作，以免造成卡片状态不正常，给持卡人带来不便。如果持卡人忘记或遗失密码，请及时拨打发卡银行客服热线，立即进行查询密码的重置。如果持卡人持有多张卡片，每张卡片都有一个独立交易密码；持卡人可通过随时申请刷卡消费凭"密码+签名"的交易方式，以保障持卡人的消费安全，之后也可随时取消，设置灵活方便安全；如果持卡人收到信用卡一周后仍未收到密码函，应致电发卡银行客服热线，要求银行补寄密码函。交易密码与电话查询密码的区别主要是：如果持卡人选择"密码+签名"进行购物或消费交易时，需要输入交易密码；如果持卡人需要致电银行客服热线查询账户余额则需要输入查询密码。

信用卡激活时，应通过电话银行、网上银行或银行营业网点的柜台进行短信定制服务确认。大部分国内商业银行都提供免费的短信通知服务。短信的内容包括实时交易通知，即持卡人每刷卡一笔、办理一笔预借现金或现金存入交易，都会实时接到银行短信提示；另外还有自动还款结果提示，即在约定的自动转账还款日扣款后，无论扣款成功与否，都会发送短信通知持卡人；而在持卡人不小心忘记还款时，开卡银行还会进行还款温馨提示。当然，免费的服务需要大家付出点代价，持卡人会接到相应的商业信息传送。

4. 银行卡的收费标准

目前国内银行卡的收费主要涉及开卡工本费、小额账户管理费、跨地区的 ATM 取款、密码挂失、卡挂失、汇款、补换新卡等诸多服务项目。由于每家商业银行业务范围大小、发展历史时长、投入设备和网络建设规模、发展目标都不尽相同,因而其确立的收费项目和收费标准也有区别。如表3、表4、表5结合具体业务对国内多家商业银行的银行卡主要收费项目进行归集整理,供大家做个价格方面的比较和参考。

表3　　　　国内主要商业银行借记卡办理及
相关账户管理、ATM 取款收费标准

开卡银行	开卡费	年费	小额账户管理费	同城跨行ATM取款	异地跨行ATM取款	境外ATM取款
中国银行	5元	10元	最高9元/季度/户	4元/笔	5‰	5‰(长城国际卡最高5美元/笔)
中国工商银行	5元	10元	3元/季度(不足300元)	4元/笔	1%+4元/笔	人民币账户1%+12元/笔,外币账户2.9%/笔

4. 银行卡的收费标准

续表

开卡银行	开卡费	年费	小额账户管理费	同城跨行ATM取款	异地跨行ATM取款	境外ATM取款
中国建设银行	5元/卡	10元/年	3元/季度（不足500元）	4元/笔	1%+2元/笔	银联1%+12元/笔，国际3%/笔
中国农业银行	5元	10元	3元/季度（不足500元）	2~4元/笔	1%+2~4元/笔	银联1%+12元/笔，国际3%/笔
交通银行	5元	10元		2元/笔	0.8%+2元/笔	1%+12元/笔
招商银行			5元/月（不足10000元）	4元/笔	0.5%+4元/笔	银联0.5%，国际1%/笔
平安银行			2元/月（不足1000元）	2元/笔	0.5%+2元/笔	15元/笔
兴业银行	收费标准与卡片种类有关		3元/季度（不足300元）	每月免前3笔	每月免前3笔	16元/笔
中信银行				每月免前2笔	0.5%+2元/笔	15元/笔
民生银行				每月免前3笔	5元/笔	1%/笔
光大银行				每月免前2笔	每月免前2笔	15元/笔
邮政储蓄银行	5元	10元	3元/季度（不足100元）	4元/笔	0.5%+2元/笔	0.5%+12元/笔

续表

开卡银行	开卡费	年费	小额账户管理费	同城跨行ATM取款	异地跨行ATM取款	境外ATM取款
浦发银行				2元/笔	0.5%	18元/笔
广发银行	5元		3元/季度（不足500元）	每月免前3笔，以后3元/笔	每月免前3笔，以后3元/笔	15元/笔
华夏银行				每天免前1笔，以后2元/笔	每天免前1笔，以后2元/笔	每天免前1笔，以后2元/笔

注：数据截至2017年6月末。

表4　国内主要商业银行借记卡汇款收费标准及到账时间

开卡银行	汇款方式	手续费用	到账时间
中国工商银行	灵通卡汇款	汇款金额的1%，最低手续费1元，最高50元	即时到账
	牡丹卡汇款	不收费	即时到账
	网上银行	每笔最低5元，最高为50元	即时到账
中国农业银行	存款汇款	每笔最低1元，超过1000元按0.5%收取	即时到账
	电子汇款	每笔最低1元，超过元按1%收费	
	网上银行	与柜台式汇款收费相同	即时到账
中国银行	ATM异地跨行汇款	汇款金额≤5000元按交易金额的1%，最低5元/笔；5000元＜转账金额≤5万元，50元/笔	第二天到账

续表

开卡银行	汇款方式	手续费用	到账时间
中国建设银行	柜台汇款	每笔最低2元，最高手续费为50元	即时到账
	网上银行	每笔最低1元，最高不超过30元	即时到账
	电话银行	每笔最低1元，最高不超过40元	即时到账
交通银行	同行间汇款	收取0.05%手续费，最低10元，最高50元	即时到账
	跨行汇款	收取1%的手续费，最高收取50元	即时到账
招商银行	快速汇款	最低手续费5元，超过1000元，按0.5%收取费用，适合1万元以内汇款金额	即时到账
	电子汇款	最低手续费10元，汇款手续费为汇款金额的1%，最高50元，适合1万元以上汇款金额	2~3个工作日
	网上银行	每笔收费5元，跨行汇款收费10元	即时到账
光大银行		汇款金额的0.5%，最低2元，最高20元	即时到账
华夏银行		汇款金额的0.1%，最低1元，最高10元	即时到账
邮政储蓄银行		汇款金额的0.5%收取费用，最高50元	即时到账

注：数据截至2017年6月末。

表5　　　国内主要商业银行借记卡开户、挂失、
　　　　　密码挂失和补换新卡收费标准

开卡银行	开户工本费	挂失收费	密码挂失收费	开办或补换新卡收费
中国银行	10元	10元	免费	5元
中国工商银行	10元	10元	10元	5元
中国建设银行	10元	10元	10元	5元
中国农业银行普通卡	10元	10元		5元
中国农业银行彩照卡	25元			
交通银行	10元	10元	不详	5元
招商银行		10元	不详	
广发银行		10元	不详	
民生银行		10元	10元	10元
浦发银行			免费	
兴业银行	收费标准与卡片种类有关	免费	免费	

5. 圈存与圈提

目前国内商业银行大量投放的带有存储芯片的磁条芯片卡（如图 8 所示），使得一张银行卡上具有了两种存储介质：磁条和芯片。其中，磁条内的存款是持卡人真正账户内的资金，是计息的，而芯片内的资金是持卡人的电子钱包或电子存折，是不计息的。芯片内的资金持卡人可安排日常生活中购物、交存车费、打车等经常发生的零星支付，如果芯片内的资金不足，可到银行营业网点或银行提供的 ATM 上将磁条账户内的钱转到芯片账户继续使用。当然芯片电子存折里的钱也可转回磁条区的真正账户里。不过受理交易的 ATM 终端必须完成 PBOC 卡的改造升级。银联 PBOC 芯片卡存有一个银行卡的账号，还有一个银联的电子钱包。电子钱包里的钱在银行卡丢失时，不能通过挂失来弥补损失。一旦银行卡丢失，芯片卡电子钱包的钱就很可能被别人花掉。《中国人民银行关于进一步加强银行卡风险管理的通知》（银发〔2016〕170 号）要求，2017 年 5 月 1 日起，银行全面关闭芯片磁条复合卡的磁条交易。

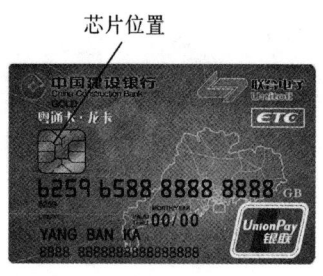

图8 芯片卡芯片位置

电子账户是指商业银行、信用卡公司及保险公司等金融机构提供电子账户管理网上操作的金融服务，而客户的信用卡卡号或银行账号是电子商户的标志。电子账户通过客户认证、数字签名、数据加密等技术措施保证其操作的安全性。在功能方面，电子账户具备目前借记卡的大部分功能，能实现多账户管理，并享受投资、理财、融资、网上支付、公共事业费缴纳等全方位个人金融服务。此外，电子账户开立后，能够对家庭资金进行统一管理和归集。具体而言，账户持有人开通账户查询签约和协议支付签约后，就可以通过账户管理将本人本行及家庭成员的本行或他行银行卡账户添加至家庭账户，统一管理家庭账户的资金了。资金归集后，账户持有人能凭借家庭账本记录家庭的进出账，记账后的账务明细将以列表显示，并支持提供收支对比图、收入构成图、支出构成图、收支走势图等图表，辅助账户持有人直观分析账户收支情况。同时，电子账户还可自行管理收支记录，注明收支类型、日期、用途、金额和备注。在此基础上，帮助账户持有人对风险承受能力进行自我评估，为不同风险等级的账户持有人提供不同的投资建议,并为账户持有人量身制定理财报告。电子账户除了理财功能外,还可以完成缴费与信用卡的还款。

电子钱包是在芯片内的智能储值卡,持卡人预先在卡中存入一定的金额,交易时直接从储值账户中扣除交易金额。需要说明的是,持卡人在使用芯片卡进行网上购物时,卡户账号、到期日及支付指令可以通过电子钱包软件进行加密传送和有效性验证。在使用电子钱包时,持卡人先安装相应的应用软件,在该软件系统中设有电子货币和电子钱包的功能管理模块,称为电子钱包管理器,持卡人可以用它来改变口令或保密方式等,并用它来查看自己银行账户内电子货币收付往来的账目、清单和其他数据。该系统还提供了一个电子交易记录器,通过查询记录器,可以了解自己的购物记录。网上购物时,持卡人可以直接使用与自己银行账号相关联的电子商务系统服务器上的电子钱包软件,或通过各种保密方式利用因特网上的电子钱包软件。全球电子钱包服务系统有 Visa Cash、Mondex、MasterCard Cash、Europay 的 Clip 等。

持卡人将电子钱包应用软件安装到电子商务服务器上,利用电子钱包服务系统就可以把自己的各种电子货币或电子金融卡上的数据输入进去。在发生收付款时,顾客只要单击一下相应项目(或相应图标)即可完成支付,这种电子支付方式称为单击式支付方式或点击式支付方式。

圈存,是将消费者从银行账户中提领现金进行消费付款的方式转变成将消费者银行账户中的钱直接存入IC晶片上，并电子账户进行消费。这样一来，消费者就免除携带现金、找零、遗失、伪钞、被抢等风险。圈存的资金大多用于个体消费者在特定的消费环境下进行刷卡消费使用。收款单位与银行签订协议后，可以通过银行卡向圈存消费卡上转账，消费者再用消费卡刷卡消费。校园卡、公交IC卡也是这种模式。

圈提，同圈存并列存在，是银行为持卡人提供的主账户同芯片账户（电子存折、电子钱包）之间的转账业务。通过圈提交易，持卡人可以把电子存折中的部分或全部资金划回其在银行的相应账户上。这种交易必须在金融终端上联机进行并要求输入个人密码。只有电子存折支持圈提交易。

需要提示的是，IC卡必须依附于一个主账户（存折、银行卡均可），而IC卡本身有电子存折和电子钱包两个功能。圈存是将主账户中的钱存入电子存折或电子钱包；圈提只能是将电子存折中的钱存入主账户，电子钱包则不能做圈提，且不能领取现金只能用于消费。

持卡人使用信用卡在ATM圈存时，是将持卡人银行账户的额度圈进持卡人的电子钱包，而信用额度减少相应的金额，而且是优先从持卡人银行卡额度里圈进去，即当卡里有溢缴款时，圈存的钱先从信用额度里圈出，持卡人的溢缴款不会减少。持卡人使用信用卡在ATM圈提，是将持卡人芯片里的电子钱包的钱提回银行卡里，只增加银行卡的可用额度，不是传统意思上的从ATM上通过圈提而取到现金。这两种操作虽然是在同一台 ATM 上进行，但是将钱在同一张卡里的不同账户间转移。目前国内主要银行信用卡圈存的区别如下：

中国工商银行，圈存了冻结额度，不消费不用还款，可以圈提（即逆向操作，电子现金转回账户）。

中国银行，圈存了算消费，不管是否消费都要还款，类似公交卡充值一样，但是可以圈提。

浦发银行，圈存了算消费，有积分，不可以圈提。

中国建设银行，圈存了算消费，不可以圈提，无积分，脱机消费也无积分，需要还款。

实际使用时还要区别芯片卡是借记卡还是贷记卡。借记卡当然需要先存钱。多数"磁条＋芯片"的借记卡，存钱不一定要圈存，存在卡里的钱刷卡也能消费，就像普通磁条卡一样。但如果持卡人使用闪付（即 Quick Pass），就区分为以下两种情况：一是用卡里的钱，这不用圈存，但要输入密码；二是脱机闪付，用的就是芯片卡中圈存的钱了，这是一定要先圈存的。贷记卡脱机闪付，也需要先有圈存，不过这时圈存的不是持卡人的钱，而是持卡人的卡的额度，到下月还款日时一起还款。除闪付功能以外，持卡人无论使用借记卡还是贷记卡，都可以插芯片使用，读取的是芯片中的数据，与是否圈存无关。目前插卡和挥卡（就是所谓闪付）操作的后台处理都分为两个步骤，优先使用持卡人电子账户圈存的金额，如果圈存账户余额不足会发起联机交易，使用账户里面的存款或者额度。而且余额不足会全部用联机，不是部分补足。

6. 看懂信用卡对账单

信用卡消费之后，到了账单日时，持卡人会收到银行发来的纸质或电子对账单。账单中有两个金额，我们要了解其含义。一个是本期应还款金额，另一个是最低还款额。其实这也是信用卡的一大好处，一旦持卡人使用信用卡的支出，超出了其还款能力，持卡人就可以选择以最低还款额进行还款，这样，就不会影响持卡人的个人信用了。但这也意味着持卡人的未还款部分不能再享有免息期了。最低还款额，是指持卡人在到期还款日（含）前偿还全部应付款项有困难的，可按发卡行规定的最低还款额进行还款，但不能享受免息还款期待遇，最低还款额为消费金额的10%加其他各类应付款项。最低还款额在当期账单上均有列示。其计算方法如下：

最低还款额＝信用额度内未还消费款的10%金额＋预借现金交易款的10%金额＋前期最低还款额未还部分的100%金额＋超过信用额度消费款的100%金额＋费用和利息的100%金额

提示大家的是,以上公式中,部分银行的预借现金采用最低还款10%的费率计算,在到期还款日前即使是还上"最低还款额",利息照算,但不会影响到个人的信用。部分银行预借现金有不享受最低还款待遇的规定。

到期还款日,也称最后还款日,是指信用卡发卡银行要求持卡人归还应付款项的最后日期。也就是说发卡银行出了账单之后,持卡人应该在到期还款日之前把本期透支消费的金额全部还清。到期还款日的性质是免息还款期限的最后一天。在这之前还款都免息,逾期就要加收利息和滞纳金了。而对于各个银行,免息还款期限都是不一样的。例如,交通银行信用卡的账单日为每月3日,2016年11月3日账单的到期还款日为2016年11月28日;中国工商银行信用卡的账单日是每月最后一日,2016年3月31日账单的到期还款日为2016年4月25日。

如果持卡人在到期还款日(含)之前还款不足最低还款额,那么持卡人可能面临的惩罚有:所有消费款项不再享受免息还款待遇,银行会从发生消费的当天,以消费金额为本金按日计算利息,日息0.05%,按月复利计收;持卡人还会收到银行的催缴电话、催缴信;冻结持卡人的账户并将欠款记录反馈到中国人民银行记入持卡人的信用档案,影响持卡人的个人信用记录。如果持卡人在到期还款日确实没有足够的钱全额还款,那么至少选择信用卡最低还款额还款。采用这种方式还款每期只要归还总费用的10%,这样还款虽然没有免息还款期但是避免个人信用受损。

招商银行的信用卡账单日从每月的5号开始,每隔2~3天都可以设置成持卡人想要的账单;中国工商银行的记账速度是最快的,都是当日记账,账单日当天的消费会自动计入下期账单。如果持卡人的对账单遗失且又非常重要,可致电银行客服热线请求补寄对账单。对于补寄时隔超过3个月的对账单,发卡银行可能要收取一定的手续费。

持卡人若对账单中的交易有疑问,也可拨打24小时客户服务热线,进行争议账款查询。为了更好解决有争议的交易,持卡人应提供相关的交易资料。在争议账款查询期间,持卡人所质疑的交易将做特殊处理不会产生利息收费。交易查明后,若确属信用卡被人伪造或特约商户、银行作业疏忽等原因造成的错账,则持卡人无须负担这笔交易,发卡银行会将相关款项退回原交易卡账户中;若确属正常交易,银行将收取相应的透支利息。建议持卡人妥善保管消费结算时的签购单,以利账务查核。如果持卡人向银行调阅签购单,部分发卡银行会要求持卡人支付一定查询手续费。

对账单显示账单周期内结欠余额的前面出现"-"标识,表明持卡人银行卡账户中有存放的存款或溢缴款,持卡人无需还款。大多数发卡银行的信用卡对账单提供以下主要信息(如表6所示)。

账单日期:每月对账单周期内交易汇总、并结计利息的日期。

到期还款日：本期账单还款的最后日期。

本期应还款额和最低还款额：本期账单应偿付的还款额和最低还款金额。

交易汇总资料：主要包括上期余额、本期收入、本期支出和本期余额明细数据汇总资料。其计算方法如下：

本期余额＝上期余额＋本期收入－本期支出

自动还款开通提示：开通自动还款后银行将在账单上显示提示信息，并提供关联扣款账号，持卡人在关联还款账户有足够还款金额时当月结欠即可不再通过其他方式还款。

交易明细栏：记录本期所发生交易的详细信息，包括交易日、记账日、卡号后四位、交易类别、商户名称及其所在城市名称、交易金额。

积分信息：提示持卡人的积分累积及使用情况。

宣传信息：各种用卡窍门、优惠活动等最新信用卡使用提示。

表6　国内商业银行信用卡对账单的主要内容及格式

中国××银行　　　　　　　　　　　　　　　信用卡对账单

100029
北京市朝阳区育慧中里×号楼
三单元×××室
吴××

重要提示：
贷记卡到期还款日　2017年4月25日
尊敬的客户，为确保您还款准确，请仔细阅读下面需还款明细栏中各账户本期应还款余额及本期最低还款额等信息。

账单周期：2017年03月01日—2017年03月31日　对账单生成日：2017年03月31日

需还款明细（特别提示：请按照以下账户分别还款）

卡号后四位	应还款额		最低还款额		信用额度	
	人民币	外币	人民币	外币	人民币	外币
7518 贷记卡	171.80/CNY	0.00/USD	17.18/CNY	0.00/USD	10000.00/CNY	0.00/USD
7518 贷记卡	101.03/CNY	0.00/USD	10.10/CNY	0.00/USD	10000.00/CNY	0.00/USD
7518 贷记卡	300.17/CNY	0.00/USD	30.02/CNY	0.00/USD	10000.00/CNY	0.00/USD
合计	573.00/CNY	0.00/USD	57.30/CNY	0.00/USD	10000.00/CNY	0.00/USD

本期交易汇总

卡号后四位	上期余额		本期收入		本期支出		本期余额	
	人民币	外币	人民币	外币	人民币	外币	人民币	外币
7518 贷记卡	0.00/CNY	0.00/USD	0.00/CNY	0.00/USD	171.80/CNY	0.00/USD	-171.80/CNY	0.00/USD
7518 贷记卡	0.00/CNY	0.00/USD	0.00/CNY	0.00/USD	101.03/CNY	0.00/USD	-101.03/CNY	0.00/USD
7518 贷记卡	0.00/CNY	0.00/USD	0.00/CNY	0.00/USD	300.17/CNY	0.00/USD	-300.17/CNY	0.00/USD
合计					573.00/CNY	0.00/USD	-573.00/CNY	0.00/USD

本币交易明细

卡号后四位	交易日	记账日	交易类型	商户名称/城市	交易金额/币种	记账金额/币种
主卡明细资料						
7518 贷记卡	2017-03-03	2017-03-03	跨行消费	北京物美便利超市有限公司	171.80/CNY	171.80/CNY
7518 贷记卡	2017-03-14	2017-03-14	跨行消费	北京煤炭医院	101.03/CNY	101.03/CNY
7518 贷记卡	2017-03-21	2017-03-21	跨行消费	北京西单图书大厦	300.17/CNY	300.17/CNY

7. 信用卡提高额度

关于信用卡提高额度的各种方式多种多样，还真是让人看得眼花缭乱。实现提高额度的原理其实非常简单，只要是让发卡银行赚到了钱，提高额度基本算是成功一半了。早些时候不少人都喜欢采取多刷卡消费的办法，在用卡期间衣食住行都尽量选择有刷卡的商店消费。持卡人信用卡使用越频繁，每月的消费额度就越有相对稳定性，而持卡人只是把原来的现金消费习惯改为了刷卡消费习惯。从发卡银行的角度看，银行的信息系统会统计持卡人的刷卡频率和额度，据此表明持卡人对银行的忠诚度。较高的刷卡频率或刷卡额度持续半年左右银行就会自动调高持卡人的信用额度。但若仅是集中一次性刷卡，很容易被银行认为有信用卡提现嫌疑，很难据此提高额度。这个方法比较简单，谁都会，自然效果就不会很显著。对于持卡人而言，首先，最好尝试多刷发卡银行的合作伙伴，让发卡银行有面子。既然发卡银行跟商家进行战略合作了，肯定是希望给商家带去大量消费者，而持卡人不去捧场，谁愿意大幅提额。合作商家怎么找呢？只要是持卡人上所持银行信用卡商城网站或者信用卡中心网站查询一下就知道了。例如，交通银行与沃尔玛，建设银行与电影院，中国银行与KTV。其次，多刷高费率POS机，酒店、酒吧、宾馆、KTV、餐馆等类型的商户使用的都是高费率POS机，会让发卡银行多多赚取商户的交易手续费。当然，若持卡人保证每个月有最少一次超过2500元的大额刷卡，提额的速度肯定会更快一些。额度不够怎么办？最好的办法就是提前往卡里存上大额款项。

通过购买银行理财产品或者存大额定期以提高额度也是不少持卡人的明智选择。例如，中国工商银行信用卡提额最有效的方法就是买"步步为赢"理财产品，而中国银行是出了名的"砖行"，需要"搬砖"提额。问题是自己没砖怎么办呢？持卡人可以动员身边的亲属朋友或者将自己在他行的存款暂时转入，并向开户行更新自己的财力证明，然后申请提额。举例来说，假设持卡人借入5万元存入中国工商银行3年定期储蓄存款或购买该行理财产品（只需购买14天以上的短期理财产品即可），半个月后带上存单去中国工商银行柜台申请提额就可以了。提额成功后，再把钱取出来（定期存款可以提前支取）还给借款方，持卡人的信用卡额度就可以提升了。

仔细对比，虽然各家商业银行发行的信用卡大部分规则都是相通的，但是各个银行提高额度的标准还是有所差别的，了解自己的信用卡所属银行的提额标准，才有可能事半功倍地完成提额目标。例如，广发银行的提额是自助的，因而其提高额度的手段也最简单。持卡人可将信用卡刷到额度的80%、90%左右，等出了账单全额还款，再申请提额。一般情况下只要持卡人的用卡时间大于6个月，每3个月可以自助申请提额一次。又如，招商银行较注重消费次数，对大额消费并不敏感，尽量的把消费方式变为卡消费即可。另外，如果持卡人主动申请招商银行信用卡提额，最好以境外消费为理由，提升美元额度，其实当持卡人美元额度提升了，等价人民币额度也提升了。但是这里需要注意的是，现在招商银行对于国内的一些外币POS机有了风险控制，贸然的刷卡非但不容易提额，还有可能被招商银行监控账户。再如，中国建设银行更注重持卡人小额度、多次数、实体消费、偶尔分期的用卡习惯，提额周期为每3个月提升一次，每次50%~60%之间，临时额度提升可多次申请，而办新卡额度等于前卡固定额度再加上临时额度。如交通银行提额的方法有多种，大家可以选择性使用：一是打电话注销卡片，客服会说是优质客户，会在5天左右时间有专人联系持卡人，然后过一两天，持卡人查询额度，就会发现额度有所提高了；二是停用的信用卡半年或者一年，额度会自动增加。而获得白金信用卡办卡邀请的方法是持卡人停用信用卡一段时间后，直接去境外消费1万~2万元人民币即可，不需要等太久，持卡人便会收到邀请办卡短信。中国工商银行金融资产在10万元以下的客户提额也很简单，只需将中国工商银行商友卡账户刷成双七星即可，到双六星之前的方式是购买步步为赢的理财产品，反复操作，很容易到双六星。在这之后可提高到5万~10万元的额度。中国农业银行的某些信用卡终身免年费，且提额不封顶。中国农业银行的信用卡一直使用，每隔一段时间申请提额都会有所提升。不过千万不要拿中国农业银行的信用卡取现。中国银行提额的方式是申请临时额度，而后再申请一张新卡。新卡的永久额度是持卡人前卡的固定加临时额度。申请新卡，注销旧卡，是提升中国银行信用卡额度的最好方法。中信银行信用卡用户提额方式包括大额消费，用不了多久就能提升额度；或者直接去营业网点办卡，把自己当作一个新用户，资料填写跟持卡人已持有的中信银行信用卡资料一样，递交申请表后新卡额度会翻倍。另外，持卡人用卡满6个月后，消费6笔，出账单后全额还上，让卡"睡眠"。银行会主动打电话来提额。平安银行用卡满6个月，可一个月提高一次额度。如果持卡人要提额，请在申请提额之前，存入10万元或者更多的定期存款在需要提额的信用卡内，等提额成功后再取走，可以大幅提高提额的成功率以及提升额度。国内任何银行的信用卡境外消费美元都是提额的窍门，这点对于某些银行尤其有效。

坚持申请和抓住时机申请不失为有效的方法。对于信用卡用户来说，可以坚持使用电话申请提升信用卡额度，因为不同的客服或者工作人员在处理这方面申请时的态度和原则有着微小的差异，或许上一次通不过，下一次就通过了，而且坚持电话申请留下的记录也会有助于将来申请提额。持卡人还要注意按时还款保持良好信用。要注意刷卡金额和充分利用临时提额。欠债还钱，有还才有借。如果持卡人不按时还款肯定是没有信用的，最好全额还，不要只还最低还款额，循环利息会让持卡人吃不消。

申请人应充分准备好各种资产证明。对新客户而言，因为在银行还没有任何消费信用记录，银行评估的是申请人的各种收入和资产状况，从而决定给申请人多少信用额度。如果要大幅提高申请时的信用额度，申请人就要认真准备好各种信用证件，把个人收入证明、房屋产权证明、按揭购房证明、汽车产权证明、银行存款证明或有价证券凭证等统统提交给银行。

申请人认真填写表格也是非常之重要的。填写申请表格的时候，有几个影响授信额度的小细节，诸如申请人是否有本地的固定电话号码，该号码是否是自己的名字或家人的名字登记办理的，是否结婚及手机号码是否有月租，是否为本地户口等。如果以上答案都是肯定的，银行会据此大大增加您的信用评级，但是每个条件并不是绝对的，只是相对容易通过资质审核和提高最初的消费额度申请，消费信用和还款信用还是银行最看重的。

8. 信用卡额度够用就行

信用卡额度也就是通常说的信用卡可用额度,是指持卡人所持信用卡可以使用的最大金额,它包括信用额度(即信用卡最高可以透支使用的限额)和多存入信用卡的金额。信用卡额度的大小,取决于持卡人在申请信用卡程序中提供的有效收入和资产担保价值证明。信用卡的信用额度,和申请人的收入及担保资产成正相关关系,即越高的收入和担保资产价值,获得的信用额度越高。为了获得更高额的授信金额,申请人有必要提供收入证明和资产担保证明。资产担保包括房产、汽车等固定资产,也包括储蓄、债券等流动资产。信用卡的额度包括永久额度和临时额度两种。各发卡行提高额度的时间有不同的规定(如表7所示)。

发卡银行根据以下几个方面对申请人信用卡额度进行审批:(1)婚姻状况。通常情况下银行认为已婚的客户会比单身者更具有稳定性,也就更能得到银行的青睐;(2)技术职

表7　　　　国内主要商业银行提高额度时间规定

商业银行	第一次提高永久额度	再次提高永久额度	第一次提高临时额度	再次提高临时额度
中国银行	6个月后	3个月后	有还款记录即可	随时
中国工商银行	6个月后	6个月后	随时	1个月后
中国建设银行	6个月后	6个月后	2个月后	1个月后
中国农业银行	6个月后	随时	随时	随时
招商银行	3个月后	3个月后	随时	随时
广发银行	6个月后	6个月后	6个月后	6个月后
浦发银行	6个月后	6个月后	4个月后	1个月后
光大银行	6个月后	6个月后	3个月后	3个月后
华夏银行	6个月后	6个月后	6个月后	2个月后
平安银行	6个月后（卡原额度>5000元）8个月后（卡原额度≤5000元）	6个月后（卡原额度>5000元）8个月后（卡原额度≤5000元）	6个月后	3个月后
兴业银行	随时	随时	随时	随时
交通银行	只能银行邀请	只能银行邀请	6个月后	只能银行邀请
民生银行	只能银行邀请	只能银行邀请	只能银行邀请	只能银行邀请
中信银行	只能银行邀请	只能银行邀请	只能银行邀请	只能银行邀请

称与工作状况。银行普遍认为技术职称是申请人工作能力的见证。稳定性较高行业的从业人员可获得更好的加分；（3）经济能力。如果个人收入证明提供详细、收入稳定，并能反映申请人是收入增长有长远性展望的人士，会得到发卡银行较高的

评级;(4)个人住房。拥有个人住房亦可表明申请人有一定的经济基础,可获加分;(5)信用记录。若申请人过去在银行开有账户,且常有资金进出,银行也会酌情考虑加分;(6)学历高低。实践中,研究生以上学历会得到较高的评级。

信用卡持有者需要根据自己的实际需要调整信用额度。信用额度并非越高越好。在向银行借贷之前,持卡人需要了解自己能够承担多少信用,即向金融机构借贷多少金额为宜,该金额应包括房贷、车贷、信用卡等所有银行信贷总额。一个人能承担的信用额度取决于他拥有的资产和收入的水平。在健康的财务结构中,债务占收入的比例应保持在25%左右,不要超过50%。如果债务占比超过50%,则意味着个人担负的债务过多,长期下去可能导致财务上的风险。例如持卡人可能无法按合约还款造成不良信用,或者为了偿还债务而大大降低生活品质。这时,如果向银行申请新的贷款,发卡银行会因为申请人负债过重而部分甚至完全拒绝授信。

如果信用卡客户向银行提出提高额度的申请,银行会从该客户以往使用信用卡的记录来确定是否提高该客户的信用额度。从这个角度来看,客户保持一定时间良好的用卡和还款记录对提高信用额度是有帮助的,所以信用卡客户应注意养成良好的用卡习惯。一些日常的消费尽量使用信用卡支付,衣食住行尽可能选择有刷卡的商店消费。把原来现金消费的习惯改为刷卡消费,这样每月就有相对稳定的消费额度,当然还需要按时还款。这一办法有助于帮助持卡人调高自己的信用额度。

8. 信用卡额度够用就行

正常使用信用卡半年后，持卡人可以主动提出书面申请或通过客服电话申请调整授信额度，银行需要经过审批手续，在审查持卡人的消费记录和信用记录后，一定幅度内提高持卡人的信用额度。

当持卡人因出国旅游、装潢新居、结婚、子女留学等情况在一定时间内需要使用较高信用额度时，信用卡中心可以提供临时调高信用额度服务。调高的临时信用额度一般在30天内有效，到期后持卡人的额度将自动恢复为原来的信用额度。附属卡持卡人的信用额度由主卡设定，附属卡持卡人无法申请额度调整。如果主卡人已限制了附属卡的信用额度，则调高临时信用额度后，不会改变已限制的附属卡额度。如果主卡人未对附属卡的信用额度做过单独限制，则调高临时信用额度时，附属卡的信用额度也随之调高。调高临时信用额度后，实际使用超过原信用额度的超额部分，将计入下期对账单的最低还款额中。超额使用部分不加收任何费用，但不能享有循环信用的便利，在到期还款日应一次还清。

虽说透支额度高的信用卡刷卡消费起来可用额度较高，但随之而来的还款压力也不小。对于调高的临时额度部分，需在到期还款日前一次性全部还清。如果没有全部还清，将产生滞纳金和利息。

决定信用级别的关键是持卡人自己。银行对个人持卡人信用有一个综合评分系统。个人信用水平主要体现为个人信用累积分值。当持卡人申请信用卡后，发卡银行会考虑年龄、职业、存款、资产和住房等各种因素,对每一项都按照一定的标准予以评分,然后汇总成信用累积分。如果积分达不到银行既定的合格标准,申请就有可能被拒绝。个人在向银行申请各种个人贷款时,信用累积分也是一个重要的参考指标。以上述模拟评审模型为例,即使申请人的月收入仅为1000元,但如果他的工作单位性质为机关事业单位且有住房,那么他还是可能达到相当于金卡的信用级别。

　　信用累积分一般由各家银行根据自己要达到的目标,设定一定的审核模型,对申请人进行打分。所以,各家银行对申请人都会按照自己的一套政策方针来决定是否给予授信。也就是说,招商银行如果拒绝了申请人的申请,再去其他银行申请信用卡并不一定会拒绝发卡。除了申请信用卡,信用累积分的最大作用就是小额贷款。没有任何信用记录的人,借款将相对比较困难。没有与银行发生借贷关系的个人,在银行的信用记录为零;如果与银行发生借贷关系并按时偿还,个人信用累计积分就会逐渐增加。目前,个人小额贷款、信用卡透支还贷,都是借款人积攒银行信用累计积分的重要途径。

　　信用卡额度控制使用方面需要注意的是:

　　(1)全额还款,避免循环利息。虽然说银行在普及信用卡时,都会强调它的免息期,但大部分人对免息期的规则了解的不是很清楚,从而多花了不少冤枉钱。例如,春节期间,小张用信用卡买一部新手机,刷卡消费4000元,但在还款的时候关联账户内只有3999.7元,银行扣款之后,小张还欠银行

0.3元。也许在现实生活中这些钱不算多,但是银行却不这么认为,消费者没有全额还款,就必须要支付循环利息,且利息的计算基础是按4000元来收取,而不是0.3元。这里建议大家在还款时一定要全额还款,以免有损失。

(2)未雨绸缪,避免刷"爆"信用卡。其实每一张信用卡都有一个隐含的超限额度,当持卡人刷卡超过其可用额度(即刷"爆"信用卡)时,就须动用超限额度,而一旦使用超限额度,那就意味着持卡人要支付高额的超限费。很多消费者在购物的过程中并不能够把握好自己的剩余额度,经常出现刷"爆"信用卡的情况。这里建议大家在有大额消费时提前向银行申请提高临时额度,这样不仅可以避免刷"爆"信用卡,而且还有助于提升信用额度。

(3)足额最低还款,规避滞纳金惩罚。日常生活中,经常会遇到资金周转不灵的情况。这个时候,我们可以选择还最低还款限额,这样就能够保证个人信用记录不受影响,同时也不会产生太多的滞纳金。但需要特别注意的是,最低还款额一定要在当期足额缴纳,否则将会被扣取高额的滞纳金。

9. 贷记卡提现要慎重

对于信用卡提现的收费标准，其依据《商业银行服务价格管理暂行办法》。商业银行向个人持卡者提供的很多服务都要依托银行卡进行，所以现在出台的收费标准也就大多与银行卡有关。而且银行在掌握了定价权以后，很可能会根据自己的经营状况和市场需求随时调整收费项目和收费标准，并没有统一的规定，有时差别甚至会很大。有的商业银行规定，不论贷记卡中取现前是否存有现金，取现时都要收取手续费。而有的商业银行对于贷记卡取现则是采取了不透支不收费的办法。从贷记卡本身的特点看，贷记卡与准贷记卡和借记卡的区别在于持卡人不用事先在贷记卡中存款就可以刷卡消费，然后再向卡中存钱还款。虽然贷记卡中也可以存款，但是银行鼓励持卡人使用贷记卡刷卡消费，一般都不向卡中的存款支付利息，不鼓励持卡人用它提取现金，因而如果持卡人用贷记卡透支取现，银行就要收取一定费用，大多是按日收取利息，而且贷记卡透支取现一般都没有免息期。

目前大多数国内商业银行都规定预借现金额度根据持卡人用卡情况设定,并包含在信用卡的信用额度内,取现的额度一般累计不超过持卡人信用额度的一半。但广发银行部分持卡人的取现额度为信用额度的100%。透支取现额度不是等额不变的,也会因持卡人的使用、还款等情况而变化。

而信用卡通过境外银联标识ATM取现,须根据国家外汇管理局规定,单卡单日提取外币现钞限额等值10000元人民币,单卡每年累计提取外币现钞限额等值10万元人民币。

中国农业银行在这方面的规定具体如下:贷记卡境内预借现金单日累计金额不得超过2000元人民币;贷记卡境内ATM渠道单日累计取现次数不得超过5次,单笔取现金额不得超过2000元人民币,单日累计取现金额不得超过5000元人民币;贷记卡境内柜台渠道单日累计取现金额不得超过20万元人民币。

中国工商银行信用卡取现额度及次数规定如下(截至2016年12月):境内ATM取现每日最多5次,境内外有"银联"标识的ATM取现每日累计金额不超过等值10000元人民币(含溢缴款);中国工商银行牡丹卡账户内余额不足时,可以利用信用额度透支取现,但使用信用额度取现不享受免息还款期待遇,且按5‰的日利率收取利息。

中国工商银行信用卡取现手续费及利息规定如下:本地本行ATM取现没有手续费;本地跨行ATM取现手续费每笔2元;异地本行ATM取现手续费按取现金额的1%计算,每笔最低收取人民币 1 元,最高每笔 50 元;异地跨行 ATM 取现手续费按照取现金额的 1% 计算,每笔最低收取人民币 1 元,最高每笔 50 元,另加收每笔 2 元的跨行手续费。中国工商银行信用卡透支取现不享受免息还款期待遇,从记账日起至还款日止,按日利率 5‰ 计收透支利息,按月计收复利。中国工商银行双币贷记卡境外取现除了有额度限制外,还要按兑换为人民币金额的 1% 每笔 12 元加收手续费,并加收每日 5‰ 的利息。

准贷记卡的情况比较特殊,这是由于卡户内存有一部分存款。目前中国工商银行将准贷记卡取现分为透支取现和溢缴款取现两种。信用卡透支取现是指在信用额度内取现;溢缴款取现是指将还款时多还的资金或存放在准贷记卡账户内的资金以现金方式取出。中国工商银行个人准贷记卡境内取现,在 ATM 上取现每日最多 5 次,每日累计不得超过 2000 元,溢缴款取现每日累计金额不得超过 5000 元。

中国建设银行龙卡双币贷记卡取现手续费规定如下:境内 ATM 提现按照交易金额的 5‰ 计算,每笔最低 2 元人民币,最高 50 元人民币,且不像中国工商银行那样区分同城异地,同时跨行取现不另收费;境外 ATM 提现按照交易金额的 3% 计算,每笔最低 3 美元。

中国建设银行龙卡人民币贷记卡跨行 ATM 取现手续费规定如下:境内本行 ATM 提现手续费按照交易金额的 5‰ 计算,每笔最低 2 元,没有上限规定;境内跨行 ATM 取现手续费属于同城交易的,按"2 元 + 交易金额的 0.5%~1%"计算,其中按交易金额的 0.5%～1% 计算的部分最低为每笔 2 元，根据地区不同费率略有差异；属于异地交易的，按照"2 元 + 交易金额的 1%"计算，其中按交易金额的 1% 计算的部分最低为每笔 2 元。

信用卡提供预借现金功能，以满足持卡人的不时之需。但预借现金是无免息期的，从取现的当日起就按日利息 5‰ 收取利息，且按月计收复利。所以建议持卡人取现后要尽快的还款。信用卡提现的最大负作用就是产生了数额较大的费用。

案例：某银行信用卡持卡人小李于 2016 年 7 月 31 日透支消费了 540 元；2016 年 8 月 1 日查到的对账单最低还款额显示为 54 元；8 月 1 日下午小李从 ATM 取现 1500 元准备朋友聚会结账使用，但由于当天没用又存回了银行；8 月 2 日小李又从该银行 ATM 上取走现款 1450 元。请大家思考小李 8 月 1 日取现的操作是否涉及 9 月 25 日还款时的利息问题呢？

在这个案例中，若按照银行的通常作法是按账单日计算利息。小李的 7 月份交易对账单中的 540 元需要在 8 月 25 日之前全部还清才享受免息期。如还最低还款额 54 元，则 7 月 31 日的消费就不享受免息了，要从刷卡当日起计收 5‰ 利息。8 月 1 日产生的账单取现 1500 元的交易，则会自当天起产生一次取现手续费和按每日 5‰ 计算的 0.75 元的利息。当天若存回的话，就要多存 0.75 元，才不会产生新的费用。至于在 8 月 2 日取现 1450 元，银行会在下个账单日全部扣减小李取现额度，再乘以每日 5‰ 的利息，还有取现手续费，直接从还款账户内全额扣清。8月31日银行会全部与小李结账。该银行每月的信用卡还款日是25日,且该银行的信用卡本地本行提现不收手续费,8月2日取现的金额,8月31日才结账,而小李在9月25日前还清就可以了,当然每天都要计算利息。取现不享受免息期待遇。

10.
卡的挂失有多种

持卡人将银行卡丢失后,首先感到茫然的并非是采取什么手段进行补救,而是持卡人已经将卡号说不清楚了。其实,只要银行卡是用身份证开通的,就算忘记卡号,持卡人拿身份证去银行柜台就可以办理挂失,银行只需在电脑系统中搜索持卡人的身份证号码就知道持卡人在银行的具体账号了。

银行卡的挂失分为口头挂失和正式挂失两种。口头挂失是因遗失银行卡、关联存折而办理的临时性挂失,办理口头挂失后持卡人遗失的银行卡、关联存折在挂失期内将无法继续使用。目前,国内银行口头挂失有效期最长为15天,有效期内用户须补办正式挂失手续,否则口头挂失将自动失效。持卡人可通过营业网点、网上银行或电话银行办理口头挂失。银行用户通过电话银行、网上银行等电子银行渠道办理的挂失业务,视同口头挂失业务处理。通过营业网点办理口头挂失时,本人须持有效身份证件,提供户名、银行卡号或账号、住址、余额等信息供银行验证。委托他人代为办理的,还需提供代理人身份证件。正式挂失是指用户因遗失银行卡、存折或存单到营业网点办理的正式书面挂失。办理正式挂失后，用户遗失的原银行卡、存折或存单将无法使用。银行用户正式挂失天数规定期满后，银行将为持卡人办理解除挂失及补发新的银行卡、存折或存单。持卡人需持本人有效身份证件、提供银行卡、存折或存单账号、开户时间、储蓄种类、余额及地址等信息，填写挂失申请书，到营业网点办理书面挂失。若委托他人代理，还应出示代理人身份证件。具体讲，如果银行卡不是挂失申请人本人的，但申请人知道密码，申请挂失时携带申请人有效身份证件及卡主的有效身份证件去银行网点代理挂失就可以了。如果银行卡不是申请人本人的且不知道密码则不能代理挂失，只能由卡主本人去办理了。借记卡挂失后的号码是会改变的。信用卡挂失后号码不变，但最好将原有卡号销户后申领新的卡号更加安全。

补卡时应该由卡主本人携带有效身份证件办理，不得代理。如果暂时不能去开户行办理，建议拨打银行客服热线进行账户冻结，以保证账户安全。

不少持卡人经常在银行卡挂失后又找到了丢失的银行卡，这种情况往往就需要解除挂失。口头挂失持卡人只需要等待15天后银行就可以自动解挂了。但如果是在银行柜台做了正式挂失，还需要卡主携带身份证和银行卡亲自到柜台去解挂。取消银行卡正式挂失，需要卡主本人携带身份证、银行卡到开户行去办理。解除挂失的办理手续和正式挂失是一样的，其实就是解冻。解除挂失后，持卡人最好对原有查询密码和交易密码加以修改。密码通过自助系统、电话银行、银行柜台、网上银行都可以修改。

有些持卡人不想继续使用手中的信用卡，就可以充分利用目前不少商业银行在客服热线中开始受理的信用卡正式挂失服务，只不过销户的时间需 45 天左右。通过这种方式销户的持卡人必须妥善保管手中已经挂失的信用卡，并在银行销户后即刻自行销毁手中的信用卡。

借记卡挂失后，持卡人凭挂失申请书回单和有效身份证件至原挂失网点补卡或办理销户。目前国内主要商业银行的客服电话号码如表 8 所示。

表 8　　　　　　　国内主要商业银行客服电话

商业银行	客服电话	商业银行	客服电话
中国工商银行	95588	中国银行	95566
中国农业银行	95599	中国建设银行	95533
广发银行	95508	浦发银行	95528
中信银行	95558	邮政储蓄银行	95580
兴业银行	95561	平安银行	95511
上海银行	95594	民生银行	95568
交通银行	95559	华夏银行	95577
光大银行	95595	招商银行	95555

目前国内主要商业银行的信用卡挂失收费标准如表 9

所示。

表9　　国内主要商业银行信用卡挂失收费标准

商业银行	收费标准	商业银行	收费标准
中国工商银行	20元（金卡、黑金卡、公务卡免费）	中国银行	40元（中银、长城环球通系列卡）
民生银行	50元（白金卡免费）	中国建设银行	50元（银联品牌）
广发银行	单币种卡45元；双币种卡85元	浦发银行	40元
邮政储蓄银行	20元（金卡、黑金卡、公务卡免费）	中信银行	60元
兴业银行	50元（金卡、黑金卡免费）	平安银行	60元
上海银行	20元	中国农业银行	50元
华夏银行	60元（公务信用卡免费）	交通银行	50元
光大银行	贷记卡50元；准贷记卡10元（无限卡、钻石卡、白金卡免费）	招商银行	60元

案例：家住广州的贺先生，几个月前丢失了自己的钱包，里面有身份证和信用卡。贺先生第一时间拨打银行客服电话挂失了自己的银行卡。办妥了手续，贺先生想，银行卡虽然丢了，好在资金还算安全，自己也算放了心。没想到，几个月之后，自己的银行卡内资金被盗转了。贺先生百思不得其解，卡是新补发的，老卡已经挂失，自己卡里的资金怎么会被盗转呢？正常来说贺先生用自己的手机号码打电话挂失，补办的新信用卡的所有信息都应该是卡主本人的，而寄给贺先生账单的

上面写的手机号码却不是本人的手机号码了。贺先生想也想不通。卡是新办的，怎么会除了自己的手机号码之外，还挂着一个完全陌生的手机号码呢？这个手机号码的主人又会是谁呢？原来，贺先生一直说的那个手机号码，是犯罪嫌疑人在捡到贺先生的信用卡和身份证后又开了一张新的关联卡，他只需输入卡号，然后再输入一个新的预留手机号码，就可以这样转钱了。事情最关键的节点是作为第三方支付平台的易支付。易支付最大的风险是只需要输入与银行登记的手机号码相同的手机号码，就可以把钱转走。就是因为犯罪分子在卡主的账号上关联了新的手机号码，而这个号码又得到了银行的确认，所以，犯罪分子可以拿到贺先生所有在这家银行的账户资料，特别是流水信息。而贺先生的账户流水恰恰比较大，犯罪分子觉得有利可图，所以实施了盗转资金。实际上犯罪分子只需拿着盗取的身份证，去银行开一张新卡，他就等于拿到卡主所有卡的身份信息，恰恰贺先生所有账户都是一个密码。因而犯罪分子只要去卡主的开卡银行办一张新卡，然后再打印出卡主的交易清单，就知道卡主的所有卡号了，也就可以盗取卡主的钱了。

现在银行存款账户的开设都要求实名制，就是应该本人持本人身份证开设银行账户。本案中的犯罪分子在他并不是持自己身份证的情况之下，依然能够在银行开设一个别人的账户，这是很有问题的。银行在对账户的信息核对和审查的时候，应该能够审查出这一点。另外，银行在进行操作的时候，原有存储的联系方式如果变更或者增加，应该得到本人认可的，但这一点没得到本人认可，所以有理由认为银行在开卡环节出现了问题。

　　本案不是个案，而且这种犯罪的伎俩可能会被其他的犯罪分子利用，而这种网络犯罪的特点是发现难、证据固定难、抓捕难。面对银行方面有可能出现的疏漏、第三方支付平台的不严谨，消费者应该怎样做才能尽可能地保障自己的资金安全呢？首先，建议广大的持卡人或者储户尽可能少地开设账户，一个银行开一个，不要开很多，开设几家银行，以保证自己的资金安全；其次，经常更新自己的通讯方式和密码，在这种情况下才能更好的保障自己的资金安全；第三，如果看到自己不了解或者不太熟悉的快速支付平台，尽可能少使用，以避免自己的信息泄漏。

11.
互联网+信用卡

当互联网金融的浪潮滚滚而来时,大家会发现,持卡人用卡的方式已经和从前大不一样了。有了互联网,申请人不必再像以前那样需要跑到银行网点填表申请信用卡,也不必再苦等很长的时间,只要有一台能够上网的电脑,或者拿起手机通过网站、APP、微信、二维码扫描,就可随时随地进行申请。提出申请后只需几秒钟就可获得审批及其额度信息。原来的刷卡消费似乎也正在变得落伍了。随着移动支付和网购的兴起,越来越多的人买东西时不必掏信用卡,只要在网站上面输入卡号和验证码,或者把信用卡绑定到支付宝和微信支付上面,在电脑或手机上按下几个数字就可以瞬间完成支付,而那张信用卡还静静地躺在钱包里。即使持卡人在线下购物而走到了收银台前,其实也不一定要随身带着那张信用卡。在手机上面下载一个APP程序,把卡片信息注册上去,就可以像用公交卡一样刷手机消费。而且随着网银、手机银行和微信银行的兴起,利用电子信息渠道查询信用卡账单并进行信用卡还款也变得非常便捷。电子账单随查随用,快速清晰、省去了收信拆信的麻烦,而且由于是电子信息,还节省了大量打印用纸,对于木材的节省和环境保护都是非常有益的。说起还款,不少朋友都有着到银行网点排队或者有事耽搁没能及时按期还款的烦恼。而看着现在信用卡还款的渠道越来越多。先不说最基础的绑定银行卡自动还款和网银转账,而且还有支付宝、微信、拉卡拉都可以帮助大家进行还款,且不受时间与地区的限制。当您需要还款的时候,即使是在拥挤不堪的地铁车厢或是在高速运行的高铁列车上面,也可以在手机上几分钟搞定,根本不需要满世界去找银行经营网点。

当然,精明的持卡人还会特别留意发卡银行的各种促销优惠活动。但是,信用卡的促销活动五花八门且层出不穷,怎样才能记的住呢?其实,中国工商银行的信用卡客户,只要在手机上下载一个"工银融 e 联"客户端软件,就能非常方便地接受中国工商银行提供的"客户服务"、"工银信使"、"工银信用卡"3 个模块的信息。其中的"工银信用卡"模块会不断传递本行信用卡促销优惠信息。许多发卡银行目前都推出了类似中国工商银行的做法,并且卡片福利多种多样,抢代金券、买电影票、订机票、手机充值、兑换积分、申请分期等业务多种多样,而且各种优惠随时更新。

需要持卡人注意的是,和在商场 POS 机终端上刷卡有所不同,在有些网站特别是境外网站购买商品或者预订机票酒店使用信用卡时都无需输入密码,只需输入持卡人姓名、信用卡卡号、有效期、签名栏尾三位数字就可支付成功，甚至连手机短信验证都省去了。所有这些带来方便的同时也的确蕴藏着潜在的风险。建议持卡人在使用这些功能时切记看管好自己的信用卡，特别是信用卡上面的信息。

有关报告显示，商业银行的信用卡业务已在目标消费领域出现细分的趋势。特别是2015年以来，电商分期、蚂蚁花呗、京东白条等各种各样的网银透支工具不断推出，于是不少人士预测——未来或许不需要信用卡了。然而，2016年中国上市银行中报的数据显示，多家上市银行2016年上半年信用卡发卡量、信用卡营业收入、贷款余额等多项数据增长超过了2015年同期水平。更有银行表示，2016年，银行正在不断加大信用卡贷款的投入，作为轻资本转型的一部分，信用卡业务正在迎来第二个"春天"。数据显示，截至2016年6月30日，中国农业银行信用卡累计发卡6374.81万张，信用卡特约商户总量111.16万户。2016年上半年，中国农业银行实现信用卡消费额6462.41亿元。与2015年同期相比，中国农业银行信用卡发卡量增长率为10.2%，消费额增长率为19.1%，远远大于同期借记卡增长数据。中国建设银行2016年6月末信用卡累计发卡8789万张，较2015年年末增加716万张，是目前披露中报的银行中增长最多的。2016年上半年中国建设银行信用卡实现消费交易额1.15万亿元，同比增长14.38%；贷款余额达3960.64亿元。交通银行2016年上半年境内行信用卡在册卡量达4714万张，较2016年年初净增长399万张，

2016年上半年累计消费额达8852亿元,同比增长24.75%。中信银行2016年中报数据显示,该行信用卡累计发卡3369.15万张,2016年上半年新增发卡331.61万张,同比增长33.7%;该行信用卡交易量4852.86亿元,同比增长27.17%。实现信用卡业务收入115.18亿元,同比增长31.92%。招商银行2016年上半年调整贷款结构,加大了个人住房贷款和信用卡贷款投放,轻资本转型已经有所成效。截至2016年报告期末,该行信用卡累计发卡7359万张,流通卡数4062万张,报告期增加280万张。该行信用卡流通户数为3328万户,较2015年年末增长7.25%。通过不断提升客户获取与客户经营效率,其2016年上半年累计实现信用卡交易额10535亿元,同比增长25.55%。该行信用卡透支余额为3404.06亿元,较2015年年末上升8.74%。应该说,信用卡业务持续探索"互联网+"情境下的产品和服务跨界融合,拓展互联网渠道获客效果非常明显。根据中国银行业协会报告,2015年16家A股上市银行在信用卡业务上有百余项新推广产品。而在银行主打信用卡产品上,商业银行各自的优势及服务的不同领域消费人群,已经在目标消费领域出现了分化趋势。中国工商银行主推的大来爱购信用卡,其持卡人可以在北美地区和意大利享受餐饮、购物、交通等优惠,白金卡还可以免费获得国际旅游救援以及高额的航空意外险馈赠。中国银行同样因为自身的国际化优势,主推长城环球通自由行系列产品,在2015年推出了精彩日本、精彩东南亚、精彩美国等系列,享受的优惠包括境外专属购物折扣、首尔VIP贵宾休息室，10%境外购物超值返现。相比国有大行的境外优势，中小银行则更多瞄向了国内市场蛋糕。2016年上半年，光大银行和中信银行就不约而同地瞄准了汽车市场。光大银行于2016年7月5日携手安邦保险集团推出"光大安邦联名信用卡"，信贷"联姻"车险，为有车一族提供高品质信用卡服务。中信银行则和UBER（优步）发行了中信UBER联名信用卡。信用卡业务不断地拓展使得产品用途和消费群体日趋细化，各家银行正在根据自身情况和目标客户群，推出不同类型的产品。

12. 网银的安全性没有传说中的那样糟

"如果银行不改变，我们就改变银行"。阿里巴巴集团董事长马云讲的这句话在互联网上广泛流传。阿里巴巴推出的余额宝曾让国内银行界经历了一次不大不小的"地震"。很多银行纷纷开始行动。中国建设银行推出"善融商务"，招商银行推出"微信银行"，光大银行推出"融e贷"等，国内的众多银行似乎真的开始"改变"了。网上银行作为银行互联网业务的主要渠道和业务端口，被提到了前所未有的战略高度。而另一方面，互联网的潜在威胁也在迅速的蔓延，庞大的黑色产业链、掌握精湛渗透技术的黑客、无孔不入的病毒木马以及无所不在的钓鱼网站和欺诈，都对网上银行的安全性提出了前所未有的挑战。

目前各银行网银的安全保护主要有网银盾、动态口令牌、手机动态码。类似于U盘的网银盾，每家银行的叫法都不一样。中国工商银行称作"U盾"，中国农业银行称作"K宝"，广发银行称作"KEY盾"，招商银行称作"U-KEY"等。网银盾的安全级别最高,因此支付额度也最大。它的原理是将每个用户唯一对应的数字证书下载在智能芯片里。这种物理防护,普通病毒难以攻破,但是网银盾的缺点也很明显。它在初次安装使用时比较复杂,要求客户随身携带安装驱动程序,且证书有有效期,到期必须更新才能继续使用。目前,许多银行已经放弃使用第一代网银盾,开始推出安全等级更高的第二代产品。但它最多只允许用户输错 6 次交易密码,错误超过次数,设备就只能作废,需重新办理。动态口令牌相当于动态电子银行密码,中国银行的"e-Token"、光大银行的"阳光令牌"都属于这类产品。同网银盾相比,动态口令牌的交易额度限制更多,但价格优惠,使用更方便。它最大的缺点是,不能防范钓鱼网站。浦发银行、兴业银行等采用手机短信验证码和相关认证码认证客户身份。这种与手机号码捆绑的加密方式,安全性相对较高。但一般有时间限制,比如发送一次验证码,用户的输入时间只有 60 秒。一旦用户手机出现问题,就没法用这种方式进行网上支付。

　　改善网银的使用环境同样很重要,其中最重要的是升级浏览器。据了解,伴随 Windows XP 系统诞生的浏览器,因其安全防护性能极低,已经成为各种网络攻击的最佳突破口。据多家安全厂商监测,绝大多数得逞的网银攻击,都是通过 IE 6 这类低版本浏览器进行。更至命的是,微软官方早已停止发送 IE 6 补丁更新,也就是说,目前还在使用 IE 6 浏览器的网民,好比是在"裸奔",无法保证网银的安全。建议网银用户应该尽量升级浏览器到 IE 10 及以上版本，以较好防范钓鱼网站、木马程序、恶意病毒在内的网络攻击。

以下的建议或许能够对网银用户提供一定帮助，因为这些都是从经验教训中总结归纳出来的"真知灼见"：

（1）不要对任何陌生人提供用户名、密码及动态口令。任何国家机关部门、银行都无权向公众索要账号和密码。

（2）认准官网和客服电话。不要轻信任何来自非客服电话的信息，同时要记清官方网站的网址，登录网站时不要通过链接或者按照他人指示的网址登录，担心记不清官网网址，可在浏览器的收藏夹中将常用网站收藏。

（3）不要在图书馆、网吧等公共场所使用网银，同时要及时安装操作系统和浏览器最新补丁文件，为计算机设定密码，及时更新杀毒软件和防火墙等方式，确保计算机安全可靠。

（4）养成良好的操作习惯。在操作结束后选择"退出"网银系统，再关闭浏览器；密码设置要科学，使用后要避免保存在电脑中；保管好"U盾"、"K宝"、"E令"等安全密钥，切勿交他人保管。

（5）建议开通账户变动短信通知、网银登录短信提醒等服务，时时掌握账户情况，提高交易安全性。

案例：王先生通过阿里旺旺与某购物网站卖家商谈购买一条裤子。但王先生通过中国建设银行网银支付购买之后，却看不到交易记录。于是王先生向店家询问，店家就给了王先生一个客服 QQ 号，让王先生与客服联系。王先生与该客服 QQ 沟通后，客服 QQ 给王先生提供了一个"退款链接"，表示王先生按照提示操作就可以内部退款。王先生按照客服提示，进入了一个"授权建设银行账户支付协议签约"的界面。王先生对这个授权页面上的信息也有所怀疑，并提出了质疑。但客服表示：这是内部核对信息，只要按照提示完成操作，收款人就会将货款退还给王先生。王先生犹豫之后，还是按照客服提示完成了授权操作。几分钟后，王先生就收到银行短信，提示王先生账户中有 1 万元被转走；过了一会儿，他又收到一条新的银行短信，提示又有 1 万元被转走。见损失如此之大，王先生立即挂失了自己的银行卡，并向那位客服进行质问。但客服非但没有逃走，反而质疑王先生："打您那个卡号，说对方挂失了，转不回去了"？王先生此时仍然对追回购物款抱有希望，于是要求将退款转到另外的存折上。经过交涉后，客服又再次引导王先生对自己的存折账户进行授权操作。此时，王先生感觉事有蹊跷，没有继续。

案例： 徐先生在网络游戏中看到有人在聊天频道低价出售游戏币后，便留下 QQ 号与对方进行了联系。对方邀请徐先生到知名的网游交易平台"5173"上进行交易，并提供了商品链接。徐先生使用中国农业银行网银支付购买后，页面提示交易不成功。徐先生向对方询问，对方就给徐先生提供了一个"5173 客服 QQ"号码，请徐先生与客服联系，协商解决。徐先生与客服交流后，客服要求徐先生提供姓名和身份证号码等信息进行核对。徐先生如实提供后,客服向徐先生提供了一个退款链接。但徐先生打开后,进入的却是一个授权支付的界面。徐先生对这个页面表示不解,客服随即提出远程协助徐先生完成退款操作。随后,徐先生同意对方通过QQ对自己的电脑进行远程操作,完成授权后,徐先生感到对方的操作很可疑,随即终止了对方的远程操作。但等徐先生查看自己的银行账户时,发现其中已经多了5900元的支付记录,而且去向不明。

与传统的钓鱼欺诈案例不同,这两起案例中,犯罪分子虽然也是通过QQ发送钓鱼链接欺骗受害者,但受害者的主要损失并不是因为在虚假的购物网站上进行购物,而是因为他们在"交易失败"后向店家进行申诉时,被犯罪分子的客服QQ诱骗进入了一个称为"授权某银行账户支付协议签约"的页面。当受害者按照犯罪分子的指示完成操作后,实际上就已经授权了犯罪分子使用另外一个网银账户对自己的网银进行转账或支付操作。

通过以上两个案例,总结教训如下:(1)不要随意点击陌生人发来的任何链接,或下载陌生人发来的文件。网购时尽量选择登录正规的网站,尽量不从其他网页的广告中点击进入,按照网站的购物流程来下订单或付款,不要轻易使用代付、代购等模式;(2)对于任何需要输入自己个人信息的网页,都要保持百分之百的警惕;(3)如果遇到交易异常,请通过官方渠道的客服进行处理,不要轻信店家或陌生人发来的所谓 QQ 客服号码或电话客服号码。不要相信所谓的卡单、掉单、解冻资金等说法，这些都是网络诈骗专用术语；（4）网银账户应设置单笔最高转账限额，并绝对不能将自己的账户授权给陌生人或陌生账户使用。如果网银里面资金比较多，可以设定每日支付上限。可以只在网银留少量资金，或者需要时转入。同时定期或不定期更换密码，且密码独立于其他账号；（5）有网银支付程序的手机不要随意点击安装来历不明的程序。因手机的特殊性，木马病毒不仅能盗走密码，还可能拦截您的网银验证码。

不少人士对信用卡开通网上银行很感兴趣，但还是担心它的安全性。建议先到银行网站上注册，尝试使用网银的查询功能，如果能接受这种方式，则可以到银行柜台签约成为网银客户，享受转账汇款、缴费支付、信用卡、个人贷款、投资理财等多种金融服务。客户也可以先签约名下其中一个资金比较少的账户作为试用，其他没有签约网银的账户是不可以在网上交易的。在使用一段时间后可逐步将其他账户签约追加到网银上，真正实现安坐家中，理财轻松。有人反映说通过网银买理财产品，却发现没有任何单据留下来，而且银行存折上也只是显示转账多少钱。其实这里要分两种情况：若客户购买的理财产品是银行代理的，客户可以通过网上银行购买后直接在网上银行查询交易明细或者到柜台打印交割单作为证明；若客户购买的理财产品非银行代理的产品，一般是投资者直接在基金或投资公司网站上购买该公司产品，然后通过网上银行进行支付。客户可以根据自己在基金或投资公司注册的用户查询交易明细，基金或投资公司也会每月提供对账单给客户。

2015年12月28日，中国人民银行发布了《非银行支付机构网络业务管理办法》，以小额支付偏重便捷、大额支付偏重安全的思路，对个人网络支付账户按照三个类别使用支付账户余额付款的交易限额做出了具体规定。其中，Ⅰ类账户身份核实方式是非面对面方式，即通过至少一个外部渠道验证身份（像通过联网方式核查居民身份证信息），其余额付款限额是自账户开立起累计1000元；Ⅱ类账户采取面对面方式验证身份或通过非面对面方式通过至少三个外部渠道验证身份，余额付款限额为年累计10万元；Ⅲ类账户采用面对面方式或者非面对面方式通过至少五个外部渠道验证身份，其余额付款限额为年累计20万元，余额付款功能在前两类都有的消费、转账的基础上增加了投资理财。目前，Ⅰ类账户主要适用于客户小额临时支付需要。也就是说，没有绑定银行卡的微信用户可以通过微信钱包收发红包，但累计发放红包的金额不得超过1000元。如果红包发放金额需要超过1000元，或者发放满1000元后还想追加发放红包，就得追加身份认证，或者是成为Ⅱ类账户或Ⅲ类账户。换句话说，为了兼顾便捷和安全的需要，Ⅰ类账户的交易限额相对较低，但支付结构通过强化客户身份证验证，Ⅰ类账户可以升级到Ⅱ类账户或Ⅲ类账户，以提高其交易限额。但是客户使用银行网关支付、银行卡快捷支付，则不受这些功能和限额的约束。

12. 网银的安全性没有传说中的那样糟

其实,网络账户交易不仅有年度限额,还有日限额。《非银行支付机构网络业务管理办法》规定,支付机构采用不包括数字证书、电子签名在内的两类(含两类)以上要素进行验证的交易,单个客户所有支付账户单日累计交易金额应不超过 5000 元。如果支付超过 5000 元,则支付机构被评为 A 类且 II 类账户或 III 类账户实名比例达到 95% 以上,即可获得相应的监管奖励。其中,就包括 5000 元的日累计限额可以提高至 10000 元。也就是说,如果持卡人想发个大红包给朋友,不仅需要将 I 类账户升级到 II 类账户或 III 类账户,还得选择综合评级高、实名制落实良好的支付平台。

13. 使用支付宝

现在很多人都用支付宝。以前转账汇款去银行，还要排队，现在只要在电脑前点击几下鼠标就可以了。支付宝的交易结算流程原理是这样的：买卖成交后，买家将款项付给支付宝，而卖家这时候拿不到钱款；支付宝会通知卖家：买家已付款，等待卖家发货；卖家发货后将发货凭证通知支付宝；支付宝会通知买家：卖家已发货，等待买家确认，并将发货凭证号码告诉买家；买家收到货并确认无误后，向支付宝确认收货，并同意支付宝将款项转给卖家。这时候，卖家才能收到货款。如果买家收不到货，或者货品跟描述不符，买家可以向支付宝申请退款，结束交易。通过以上结算流程可最大限度避免买家上当受骗的陷阱。开通支付宝操作要点如下：

登录支付宝官网（http://www.alipay.com）网址；点击新用户注册；选择手机注册或 E-mail 注册（推荐手机注册，比较方便一点，也比较适合新手）；输入可以接受短信的手机号码（E-mail 注册的请输入 E-mail），用户真实姓名，登录密码，然后同意协议并提交。用手机注册支付宝的手机上会收到一条短信，里面包含验证码。用 E-mail 注册的注册验证码用户可在电子邮箱里查找。在网页上输入验证码后点击"提交"按钮。

支付宝主要通过银行来验证持卡人的身份。其验证逻辑是，持卡人拥有一个银行账号并且能提供这个银行账号的相关信息，就间接证明持卡人是一个拥有合法身份的人，因为银行开户都是要求实名登记的。

持卡人要有一个跟支付宝有合作的银行活期账户（银行卡活期账户）或者信用卡。在登录支付宝后，点击"实名认证"。实名认证一般有两种方式，第一种方式是支付宝卡通，就是只要持卡人输入银行账号的相关信息，就可以通过实名认证了；第二种方式是持卡人通过支付宝往指定银行账号打入两笔很小的金额，收到钱后，持卡人登录支付宝，正确输入两笔汇款的具体数额，就可以通过支付宝的实名认证了。至此，完成以上步骤后，持卡人就拥有了一个完整的支付宝账号，以后就可以很方便地在网上购买消费了，当然也可以很方便地收钱了。支付宝里收到的钱，是可以随时提现的。就是说支付宝里的钱，是随时可以转到持卡人的银行账号里的。

支付宝支付操作步骤如下：持卡人在商城选好商品、进入结算中心后，选择支付方式处选择支付宝支付。订单确认页面点击"订单确认"，系统提示订购成功并提供支付链接，点击"立即支付"；进入支付宝收银台即时到账支付交易流程。确认款项无误，输入支付宝账户名与支付密码即可进行支付；如果款项不足支付订单，持卡人可以选择"剩余金额支付方式"，充值的同时直接支付订单，也可以放弃使用支付宝返回商城修改订单，选择其他支付方式；若采用充值的同时直接支付订单，选择网上银行后，点击去网上银行充值；选择支付方式和开户行后进行确认，待支付宝提示"成功充值"后，款项将立即进入商城支付宝账户。

目前，在支付宝设定的支付方式中，和银行卡密切相关的支付方式有网银支付和信用卡分期付款两种。采用网银支付时，选择支付宝公司提供的银行（中国工商银行、招商银行、中国建设银行、中国农业银行、兴业银行、广发银行、平安银行、浦发银行、民生银行、中信银行、交通银行、光大银行、中国银行、杭州银行、邮储银行、北京农商银行、富滇银行、温州银行）开通网上支付业务后，在付款的时候就可以选择相应的银行进行支付操作。采用信用卡分期付款时，持卡人在淘宝或其他支付宝合作商家购物后，使用信用卡付款提供的分期付款渠道，采用信用卡快捷支付方式提供的银行（招商银行、中国农业银行、兴业银行、广发银行、平安银行、浦发银行、民生银行、中信银行、交通银行、光大银行、中国银行）进行付款。持卡人可以选择将购买的商品和运费的总价平均分成3期、6期、12期等若干期数（或月份）还款，并通过使用信用卡快捷支付一次性完成扣款。付款完成后，持卡人再根据信用卡账单和选择的期数按时偿还每期（月）款项。

14.
支付宝、Apple Pay 和微信三种结算平台的使用都须绑定信用卡

目前,社会上非常流行的三种由非金融机构提供的结算工具为支付宝、Apple Pay 和微信支付,但这三种结算平台都必须绑定银行卡才能使用。

在带来方便快捷的同时,持卡人同样应该明白信用卡绑定支付宝,网上支付同样是计算刷卡次数的。如果购买商品的页面有可用信用卡交易的标志,使用信用卡大额支付是没有手续费的。如果商品页面无信用卡交易的标志,则可能有两种情况:第一种情况,需要买家支付手续费才可付款,用户支付时页面直接提示需要手续费才能支付,付手续费后,额度可以走大额;有 500 元/笔/日/月的免费额度;用户支付时无手续费的提示,500 元以内直接可以付款,超过 500 元不能支付。有些持卡人误认为支付宝不能用信用卡付款,其实严格地讲,是信用卡不能充值支付宝,现在支付宝都不支持使用信用卡充值。不过,信用卡可以直接在淘宝网支付。开通这个功能需要

持卡人登录支付宝页面后点击"快捷支付（含卡通）"图标按钮，并按照规定操作完成后，就能使用信用卡快捷支付来完成淘宝支付。快捷支付不需要开通网上银行，直接就能用信用卡支付。支付宝绑定了信用卡后，可以用支付宝给信用卡还款，用信用卡付款上淘宝"天猫"购物，只需在支付页面弹出支付宝付款、信用卡付款、储蓄卡付款时进行选择即可。不过用信用卡给支付宝充值、转账是不行的，信用卡里的钱只能刷卡消费或者取现。简单来说，持卡人其实是可以通过支付宝用信用卡付款的，只不过是禁止类似充值之类的操作，以防止套现现象出现。当然，也禁止信用卡通过支付宝转账，但是可以用于网上支付。此外，使用支付宝快捷支付方式进行网购并不受卡种及其次数限制，信用卡和借记卡也均可正常使用。

申请人在国内银行办理银行卡的时候，在申请表里要填写信用卡或者借记卡的信息，勾选好还款方式以后，卡片办下来就已经是绑定好的了。当然也可以由持卡人携带身份证件、储蓄卡、信用卡相关材料及其卡片，到银行柜面直接办理信用卡绑定业务。持卡人还可以通过拨打银行信用卡服务热线，在电话里，工作人员会把借记卡通过系统比对并确认无误后，直接绑定实时生效。当然，还可以登录个人网上银行后，进入信用卡选项，并按照规定完成绑定操作。那么，如何在淘宝网页上面绑定信用卡呢？淘宝绑定信用卡操作步骤如下：（1）登录"我的支付宝"页面；（2）点开"账户管理"图标。随后点击左边矩形框中"银行卡"选项按钮，出现新的界面，再点击

14. 支付宝、Apple Pay 和微信三种结算平台的使用都须绑定信用卡

椭圆形框中的"添加银行卡"图标按钮;(3)在出现的众多的银行卡选项页面,选择发卡银行,并选择信用卡品牌;(4)而后是认真准确的填写持卡人信息。信息填完后,点击"同意协议并开通"即可;(5)回到"我的支付宝"首页,看一看"账户管理"里面有没有刚才添加的那张信用卡的信息。如果有,就说明绑定信用卡操作成功了。

最初,Apple 公司对于中国区 App Store 的支付方式设计非常单一落后,需要用户提前用银联储蓄卡向自己的 Apple ID 中储值后,才能在 App Store 中进行购买行为。而充值的金额最小也要 50 元。当然,用户也是可以绑定 MasterCard 或 VISA 信用卡来为自己购买的应用软件支付金额,但是若用户不想用信用卡,那就只有采用充值方式了。Apple 公司已宣布中国区 App Store 支持银联支付,用户只需要将自己的 Apple ID 与银联储蓄卡或信用卡绑定后,就能方便快捷地使用银行卡在 App Store 自由购买。在 Apple 产品终端上绑定银联的方法如下:(1)在用户的 iOS 设备上,打开自带的 App Store 这个应用软件,在精品推荐的页面底部,找到用户的 Apple ID,点选后,在弹出的提示框中选择查看 Apple ID,而后需要输入用户的 Apple ID 的密码;(2)在成功登录后,点击进入付款信息页面,而后便能看到新的付款方式——银联(UnionPay),在选择银联后,下方输入用户的银联卡号(注意,国内发行的信用卡或储蓄卡均可绑定,系统会自动识别卡片类型),而后在卡号的右上角出现一个小小的银联标志,即代表卡片已被成功

识别。在下方需要填写相关的一些个人信息，当然，若用户绑定的是信用卡，则需要额外填写卡号、安全码和有效期等信息。若是在付款方式列表中没有银联（UnionPay），那么只需重启一下手机即可；（3）在填写好相关信息后，持卡人便会收到发卡银行发来的验证短信。银行卡无需开通网上银行，但手机号必须和银行登记的一致。验证成功便代表绑定成功，不会特别出现类似"绑定已成功"的确认页面。如果用户希望手动查看绑定是否成功，可再次进入付款信息页面，这时用户会看到银行卡卡号已经变成黑点＋卡号后四位的形式，即代表绑定已成功。如果无法绑定成功，建议尝试重启手机，或是在电脑上使用iTunes进行操作，或许会更顺畅。

  随着微信这款社交软件的兴起，微信支付成为了一款新的支付手段。微信支付绑定信用卡的具体流程如下：登录微信进入"我"页面；选择"钱包"；选择"添加银行卡"；按照提示输入支付密码以添加新的信用卡；输入密码后填写需要绑定的信用卡号即可。目前微信支付支持以下银行的借记卡及信用卡：招商银行、中国建设银行、光大银行、中信银行、中国农业银行、广发银行、平安银行、兴业银行、民生银行。各大银行信用卡微信支付限额如下：中国建设银行信用卡的单笔和单日最高限额都是500元；招商银行信用卡的单笔消费额不得超过500元；中国光大银行信用卡的单笔和单日消费额不得超过500元；中信银行信用卡的单笔消费额不得超过500元；上海浦东发展银行信用卡的每日限额3000元；广东发展银行信用

14. 支付宝、Apple Pay 和微信三种结算平台的使用都须绑定信用卡

卡的单笔消费额不得超过 500 元。

微信绑定了储蓄卡或信用卡后，持卡人获得的最大好处是相当于获得了免费短信通知功能，即可以监控资金变动的功能。当然，这个功能目前只有少数银行诸如招商银行、广发银行和中国建设银行才有。而且必须说明的是，微信绑定银行储蓄卡或信用卡，指的是关注银行官方微信后绑定自己对应的银行卡，可不是指微信支付绑定银行卡。前者只是微信的一个公众号，后者是微信支付功能，有质的区别。目前几乎是所有的商业银行都已经取消了提供多年的免费短信订制服务。如招商银行要单笔消费 300 元以上才会有免费短信通知服务。而如果用微信绑定银行储蓄卡或信用卡之后，就算 0.01 元的收入或者支出，微信都会有提醒。当然，前提是 24 小时都挂着微信，那些想用微信时才打开微信的人，是无法享受这种便捷服务的。而且微信的提醒几乎是瞬时到达，只要网络没问题且微信 APP 正常使用，那么微信就能随时帮你监控资金变动情况。有的持卡人会担心自己银行里有多少钱都被腾讯知道了。事实上，这是银行向微信推送的信息服务，只有单向性，腾讯是不可能知道卡主银行卡里有多少钱的。目前，微信绑定"中国建设银行"微信官方账号，可以查询账号余额和知道收入支出情况；微信绑定"招商银行信用卡"和"广发信用卡"账号，可以随时知道账户有没有被盗刷；交通银行信用卡微信官方账号没有提供实时监控资金变动服务，如果持卡人没有开通交通银行信用卡每季度 9 元的短信通知服务，那么将无法监控

资金变动情况。

当然，微信绑定信用卡还有一个好处，就是账单查询与调整额度。持卡人可以随时查询自己已经刷了多少钱，还能刷多少钱，哪一天是还款日，要还款多少钱，能申请调高多高的额度等。

15. 刷卡消费的规矩

目前，国内商业银行发行的银行卡都可用于刷卡结账。持卡人结账时将银行卡递给收银员，收银员在刷卡机上刷一下，然后输入金额，就会递给持卡人一个输密码的键盘，在持卡人核对上面的金额并确认没有错误后，轻轻触压键盘上面的数字键输入密码并按"Enter"键或"确认"键就可以了（在持卡人输入密码时刷卡机显示器上面会对应显示"＊"符号）。这时POS机就会打出单子来，收银员会要求持卡人在账单上面签字，持卡人签好后还会再出一张与之同样的签购单。签字的单子收银员收，没签字的单子持卡人自己收着对账用。这张单子的正式名称称作"签购单"，其格式如图9所示。注意：切勿签署金额空白或未完整填写的签购单。签购单填写有错误需重新填制时，须请收银员当面销毁全部签购单。如果通过联线交易，已取得交易授权并打印出签购单的，应请收银员立即刷卡取消交易，并向商户索要和保留打印的凭证或商户给予的退货证明，避免日后发生纠纷。

中国××银行	签购单	持卡人留存
商户名称	深圳市宝安区××美食城	
流水号	119201360071424321	
商户编号	98044030600000050	
终端编号	00210101013121236448	
卡号	622128********3554	
日期/时间	2017-03-17 15:04:13	
金额	758.00	
持卡人签名		

图9 签购单样式

注：如果卡号显示的是完整的银行卡号信息，应妥善保管，或撕毁作废。

  POS机刷卡单据一式三联，持卡人、商户、收单行各执一份，都记录有交易详尽信息，而发卡行却没有这份交易信息，只能层层申请调单查阅。POS机每日刷卡金额自动清算到商家指定的结算账户上。结算时已经扣除相应手续费，到商家账户的是净计金额。目前国内银行发行的信用卡在境外消费有两种交易线路，一种是银联的交易路径，一种是国际组织的交易路径。在信用卡正面可以看到卡片所属的信用卡组织的标识，持卡人的信用卡可以在相对应的卡组织合作商户或机具上使用。无论持卡人是否开通在中国银联商户刷卡消费时使用密码确认交易的功能，在境外贴有"仅受理信用卡"或"仅支持签名"字样标识的中国银联商户，或在VISA或MasterCard商户进行POS消费时，均无须使用交易密码，仅凭签名即可完成交易。

提醒持卡人的是：通过银联路径交易，将以人民币结算，通过VISA 或 MasterCard 路径交易，将以美元结算；同时，VISA 或 MasterCard 路径的非美元交易，该币种与美元之间会产生货币转换费，货币转换费是以交易金额为计算基数。货币转换费不作为单独的交易显示，而是直接计入该笔刷卡交易的结账金额。

网上流传着许多银行卡被盗刷的事件，相关的新闻报道也是频频见诸报端。仔细阅读分析后不难发现，其实还是持卡人在使用环节上出现了"纰漏"。刷卡消费看似简单的事情，其实会由于人们的种种疏忽而被别有用心的人钻了空子。以下几点就需要大家刷卡时特别注意：

申请到银行卡后，必须在卡背面签名处签名备查。在商场刷卡消费时，不要让银行卡离开视线范围，留意收银员的刷卡次数，避免误刷及多刷。

在商场刷卡消费输入密码时，应尽可能用身体或另一只手遮挡操作手势，以防别人偷窥。尽量不要用"一指禅"，防止别人通过手的移动判断银行卡的密码。现在的密码通常为6位，输入完毕后别忘了按"确认"键。拿到收银员交回的签购单及卡片时，应认真核对签购单上的金额是否正确，卡片是否确为本人的银行卡。

妥善保管交易单据，刷卡消费时若发生异常情况，如发生卡重复扣款等现象，可凭交易单据及对账单及时与银行联系。如已取消刷卡交易改用现金付款，应要求商户撕毁其保留的刷卡签购单，并妥善保管现金付款凭据。

在收到银行卡对账单后，应及时核对用卡情况，如有疑问，应及时拨打银行客户服务热线进行查询。

持卡人可以看看自己的借记卡上面，是不是有银联标识。目前国内商场的POS机都能够接收有银联标识的银行卡。现在银行卡相关的诈骗非常多，如果没有必要，不要将自己的银行卡交给别人。在公共区域不要让银行卡离开持卡人的视线。收银员在结账时用POS机刷卡一下足够。然后，在POS机上输入消费金额，按键确认后，就该持卡人输入密码了。POS机的密码键盘应该放在柜台上，而且上面会显示消费金额让持卡人确认。不过，现在很多收银台为了防止顾客过早输入，都把密码键盘放在柜台里面，等收银员输入完毕，密码键盘进入接收密码状态后，才将它交给持卡人输入密码，此时作为持卡人必须确保看到POS机液晶屏显示出的消费金额正确无误。输入密码是一个非常敏感的过程，持卡人必须在确认周围没有人看到密码的情况下输入。特别要注意收银台周围上方可能安装有监控设备。鉴于国内大家在排队交钱时都不会保留必要的个人空间，因此建议持卡人在刷卡消费前先环视四周，对挨自己太近的人给予一定的提示。记住，一定要确保没有人能够看到密码，因为对于借记卡来说，密码是保护资金安全的重要保障，即使持卡人卡不离身，复制另一张卡片也是非常容易的。

不要让任何人看到密码，包括收银员、银行的职员。持卡人还要提防拿手机的人，手机是能够摄像的，如果持卡人输入密码的时候被别人摄像,密码还是有可能被盗。

原则上要拒绝收银员在没有得到许可的情况下多次刷卡,同样还要拒绝收银员使用非POS机进行刷卡操作,特别是在离开了持卡人视线时。银行卡离开持卡人的视线哪怕一秒钟就足够复制一张一摸一样的卡。发现有上述情况时应及时拨打110进行报案,以免造成实际损失。同时应定期向银行索取银行卡的对账单,核对自己的消费记录是否正确。要注意那些相同金额的消费,并判断是否存在误刷的可能。如果有误刷,持卡人需要与发卡行及时联系,询问卡片交易的详细情况。

据了解,目前信用卡被盗刷主要是伪卡顶替、互联网欺诈和卡丢失后被盗刷三种情况。下面三个案例或许对广大持卡人有所启示。

(1)警惕"克隆卡"。西安市民刘先生信用卡内12000元被人在6天内分12次用手机银行转走。但刘先生的信用卡和手机一直随身携带,手机从头至尾没有收到任何短信提示,信用卡还款时才发现被盗刷。类似案件往往是不法分子利用POS机刷卡为客户套取现金时,或利用POS机盗取银行卡信息后,利用"克隆卡"盗取客户资金。某些不法分子还在自助银行门禁系统或ATM上加装盗码器、摄像设备等装置,窃取持卡人的密码和银行卡磁条信息,然后制造"克隆卡"盗取资金。持卡人应尽量避免去一些不熟悉的、治安环境恶劣的和不太规范的商户进行刷卡消费;持卡消费的时候,要注意观察POS机是否有改装过的痕迹。同时,持卡人取款时应尽量去市区繁华地带规模较大的自助银行，同时要注意观察身边有无可疑人员、分辨 ATM 的插卡口等处有无多余设备，机上有无可疑装置或广告。一旦出现吞钞、吞卡等故障请拨打屏幕上显示的客服电话，不要轻信贴在自助设备旁的告示。

（2）别乱扫"二维码"。王先生在网上经营一家网店专卖泥浆泵。2017年1月19日，一个陌生人以买货为名加王先生为QQ好友，同时发来一张二维码让王先生先扫一下，以方便今后联系。随后两天里，王先生在网上交易时再没收到短信提示，就连使用支付宝需要的验证码信息也没有收到。王先生感到奇怪，因为自己的手机绑定了短信提示功能。他赶到银行查询，结果发现，他的银行卡有100多次网上支付记录，总计支付金额高达9万多元。王先生赶紧向公安机关报了案。类似案件往往是持卡人在网购时接触到了类似二维码的图样，犯罪分子则正是利用这些二维码将手机木马植入被害人手机并自动提取相关信息，短短几秒钟，手机号码、卡号、密码等私人信息可能已经传到他人手中。这类案例提示持卡人，购物时除了要登录正规网站网银支付，不要在其他网站跳转的不明链接或电子邮件提供的银行网站上进行支付操作外，在遇到二维码、应用程序等交易时，先核实二维码的来源，要选择正规企业、商家发布的二维码，不要扫描来源不明的二维码；同时，用户需要安装手机安全防护软件，及时更新，以降低信息安全风险。

（3）先挂失后报案。康先生是某行万事达信用金卡持有人。某晚他外出时丢了名片夹，内有身份证和涉案信用卡。由于信用卡未设密码，康先生立即拨打了银行客服电话办理了停止支付手续，并在20时16分报警。即便如此，行窃者还是于19时59分在百佳超市天娱广场分店盗刷10538元。康先生为此对百佳超市提起诉讼。庭审过程中，鉴定机构对涉案消费交易的商户存根（即签购单）进行了笔迹鉴定，认定签购单上签名不是康先生本人所写，超市应承担责任。后经法庭调解，10538元的损失康先生自负30%，百佳超市负担70%。

凭签名消费的卡被盗刷不用承担盗刷资金的风险是一种误解。大多数银行为持卡人提供的信用卡失卡保障服务普遍只针对不设密码的信用卡。若信用卡结算时凭密码进行，即使被证实盗刷，持卡人仍无法获得失卡保障的理赔服务。以上案例提示持卡人，发现卡丢失或卡资金被盗刷时，应该第一时间向银行挂失。持卡人还可结合自身情况向银行申请设置信用卡单笔或当日刷卡上限，将损失降到最低。

16. 境外消费什么样的信用卡最实惠

携程旅游和中国旅游研究院联合发布的《向中国游客致敬——2016年中国出境旅游者大数据》，对2016年中国出境游情况和游客行为进行了全面监测。报告显示，2016年我国出境旅游人数达1.22亿人次，旅游花费达1098亿美元（约7600亿元人民币）。蝉联全球出境旅游人次第一。除了中国公民亲身前往境外旅游购物外，在家海淘也成为许多中国人购买国外优质产品的重要渠道。境外消费选择什么样的信用卡最实惠？海外购物如何方便快捷、省心省力？所有这些，自然成为大家非常关注的问题。

以往出国旅游，许多信用卡持卡人都会到银行网点申请一张双币种卡。比如去趟美国，最起码应该申请一张美元、人民币双币种卡；而去日本就应该申请一张日元、人民币双币种卡。但去的国家和地区多了，手中逐渐积累起来的几张不常用的双币种卡也会让卡主感觉非常麻烦。目前，各大商业银行都推出了各具特点全币（多币）种卡，而且基本上都免去了货币兑换手续费。一张卡搞定所有币种,十分方便省事。以 VISA 为例,目前发行免货币转换费信用卡的商业银行有:中国工商银行、中国农业银行、中国银行、中国建设银行、招商银行、浦发银行、兴业银行、上海银行、广州银行、汉口银行、江苏银行。持卡人在银行咨询相关信用卡业务时,可以主动向银行工作人员询问哪些卡是刷外币可以免货币转换费的。中国银行推出的全币种信用卡的国际芯片卡是符合国际 VISA 标准 EMV 标准的芯片信用卡,相对于磁条卡交易其安全性更高。持该种信用卡消费时,可以免除 1.5% 的货币兑换手续费,推广期内办理还可以终身减免年费。而中信银行推荐的境外购物必备神器则是中信银行 Visa Signature 信用卡。使用该种信用卡外币消费人民币还款免收 1.5% 的货币转换手续费、境外 VISA 线路消费享受返现,最高金额可达 100 美元,同时还可享受 3 倍的积分。首批享用者还可享受免 2000 元主卡及 1000 元附属卡卡片有效期内的年费,还有无限次免 3% 境外取现手续费。中国工商银行推出的环球旅行信用卡覆盖银联单标识单币卡(磁条和 PBOC 芯片)、万事达银联双标识多币种卡(磁条),以及 VISA 单标识全币种卡(磁条和 EMV 芯片)三大类产品,全面满足客户的境外消费需求,而且该卡同时汇聚航空、酒店、百货、奢侈品、旅游、教育、租车等十大行业的数百家顶尖合作伙伴,向持卡人提供折扣、特价、返现、升级等多重优惠。

信用卡网上海淘也是国内近几年优惠增多的主要领域。网上海淘除了可以使用免货币转换费的信用卡外，还可以享受银行卡组织和各家发卡银行特别为持卡人订制的海淘优惠。VISA 和网购信息推荐平台"什么值得买（SMZDM.COM）"达成战略合作，VISA 持卡人可以透过"海淘有 VISA，从容又潇洒"活动的合作页面来购买海外商品，享受额外高达八折的优惠礼遇。其商品种类包括服装、时尚钟表、护肤彩妆和户外运动用品。VISA 还与国外知名商户合作，包括 Luisa Via Roma（顶尖时尚奢侈品类）、Parfetch（顶级时尚买手店）、澳新邮易购（专业健康产品购物平台）、Kids-Comfort（母婴类）及 Nature Baby（母婴类）合作，VISA 持卡人在这些海外网店进行海淘最高可享受八五折优惠。当然还有全球免邮或满额赠礼品的优惠。中国银行的 VISA 信用卡也会不断推出海淘返现活动。持中国银行全币种国际芯片卡在美国亚马逊、日本亚马逊、德国亚马逊三家购物网站单笔消费满 100 美元就可以享受 5% 的返现优惠。如果信用卡持卡人每月单笔消费满额 100 美元的刷卡达到 5 笔，并且通过微信报名，还可以享受 5% 的返现优惠，叠加的返现力度最高可以达到 10%，相当于全场消费购物打了一个九折。熟悉海淘购物流程的朋友肯定知道海淘购物的运费也是一笔不小的开支，目前海淘有直邮和转运两种邮寄海淘商品的方式，直邮运费相对高一些，因而转运就成了很多达人的明智选择。现在使用中国银行合作的两家转运公司"360 海淘"和"转运四方海淘"其转运最高可以享受八折转运费优惠。

16. 境外消费什么样的信用卡最实惠

准备出国的朋友除了准备好信用卡外,出国旅行前还要办签证、订机票、订酒店。这些事都很让人操心。而招商银行推出的信用卡"掌上生活"手机客户端"旅游·海购"频道强力整合境外消费资源,首家推出从签证、出行到住宿、购物一站式的境外消费服务。目前,"旅游·海购"频道覆盖六大板块,通过贴心的功能设计让持卡人享受更为优质的境外消费体验,并让签证办理得更加便利。例如,0积分兑换安飞士租车(AVIS)美国租车优惠券,9积分抢兑海购丰运价值300元贵宾会员注册邀请码;"小旅行"版块提供了全国多个城市始发的专享折扣机票以及国外酒店预订优惠;持卡人还可以通过"热门商户"版块直接前往热门品牌的电商平台海购;"办签证"版块,持卡人只需简单操作就可以完成全球40多个国家的签证预订,让境外消费更加优惠;持卡人还可以在"旅游优惠券"和"海购优惠券"版块中用积分兑换出行、住宿、购物方面的优惠券。特别值得一提的是,"旅游·海购"频道还推出了Visa Checkout注册与登录功能,同步联合海购丰运帮助持卡人快捷获取海外转运地址,让持卡人免去繁琐的卡片信息和地址信息的填写步骤,轻松实现手机端的一键注册。

但需要持卡人注意的是,海淘用卡和线下刷卡不一样,不用掏出实体卡片,但要输入持卡人身份证号码、银行卡卡号、密码、短信验证码、信用卡有效期、安全校验码(背面签名条上数字的最后三位)等涉及持卡人账户资金安全的重要信息。因此持卡人不要通过邮件、短信、聊天工具发来的钓鱼网站链接输入这些关键信息。任何索要短信验证码的行为都是诈骗。在网上进行交易时，短信验证码相当于"一次性密码"。持卡人网购时，必须特别提防和识别钓鱼网站。持卡人可采取首次输入错误的用户名及其密码的登录方式对网站进行反向验证真伪。如果错误的登录名也可以正常登录网站，则证明该网站肯定是钓鱼网站。此外，还要注意支付界面网站的前缀。一般来说，金融机构和主要电子商务网站基于信息传输保密的需要，域名大都采取"https"开头，而如果域名开头是"http"开头则在支付时就要格外谨慎。最好的办法是储蓄账户与支付账户分开使用。对于个人及其家庭的储蓄存款应该使用独立的银行卡账户，而网上支付转账最好集中在另一张信用卡上面，并在银行设定网上购物上限额度。持卡人如果发现信用卡被盗刷应立即致电发卡银行或者支付机构及时冻结账户，并迅速办理信用卡挂失手续。

17. 境外用卡要谨慎

如今,出国旅游、工作、读书都已是非常平常的事。在国外消费,更多的人也选择直接带上一张或几张银行卡,既省去了去国内银行换汇的麻烦,还可能获得更划算的汇率。白领王小姐酷爱出国旅游,且对于在境外如何消费已经有了自己的一套经验,但她也表示:虽然每次出国前都会做充足的攻略,其中也包括怎么换钱、刷卡最划算,回来之后还是会发生对不上账的情况,银行账单上也看不到具体手续费收了多少,有时候比自己预估的多了不少,但刷多了也没什么办法。王小姐的疑惑其实代表了国内大部分有境外消费经历人士的想法。到底在境外提现、刷卡消费手续费是怎么收取的?如果需要外币消费汇率怎样计算?哪些费用能省哪些又不能省?下面我们就来一一分析。

(1)境外刷卡消费。如果持卡人在带有银联标识的境外终端机上刷卡消费,那么记账币种为人民币,还款时持卡人直接用人民币还款即可。交易汇率按照中国银联提供的汇率予以换算，而且因交易国家、地区不同，有可能默认交易时需要输入密码的银行卡，在交易时也无需输入密码。因此，在使用交易凭"密码+签名"的银行卡消费时，若收银员要求持卡人输入密码时，则需输入6位交易密码，凭"密码+签名"确认；若收银员没有要求输入密码，则持卡人直接凭"签名"确认，无须输入密码。如果在带有VISA和MasterCard标识的境外刷卡终端刷卡消费，那么记账币种为美元，汇率按照VISA和MasterCard国际组织提供的汇率予以换算，而且交易时不需要输入密码，交易直接凭"签名"确认。例如，以"62"开头的兴业银行银联单币信用卡在美国、韩国、匈牙利、冰岛指定商户刷卡消费，支持"仅凭签名"交易方式，无论持卡人的银联单币信用卡是否已设定交易凭密码功能，均无须输入密码即可消费。其他国家和地区开通情况，请以中国银联的公告为准。境外部分商户可能会产生额外费用，如餐馆需支付小费、出租车需增收服务费等，一般是交易金额的10%，持卡人在消费时应确认签单上"Total"栏位的金额是否与最终确认支付的金额一致。为确保持卡人的用卡安全，消费完毕后，请妥善保管好信用卡和消费凭证。

　　VISA和MasterCard是按照账单日当日的汇率进行结算，而银联则是以刷卡当日的汇率进行结算。

　　银联借记卡在银联境外特约商户受理时目前主要分两种方式：一是在大部分银联境外特约商户受理时与境内受理方式一致；二是在部分新拓展的银联境外特约商户受理时，无论信用卡是否预设密码，均通过签名确认完成交易，与其他国际卡组织网络的受理方式一致，但有别于银联信用卡在境内的受理方式。持卡人无需特别识别上述商户，只需根据商户收银员指引进行操作即可顺利用卡。而采用预设商户交易密码的信用卡在银联支持信用卡"签名确认"的境外商户受理方式流程是商户收银员刷卡后，终端打印单据，持卡人在收银员提供的签购单上签字确认，即交易完成。持卡人无需在这个过程中输入交易密码。签名确认交易为国际信用卡通常采用的方式。银联联合发卡银行、境外收单机构各方，提供配套的风险监控、异常交易预警和交易控制措施，同时发卡银行将对持卡人提供交易短信通知服务，有效保证持卡人用卡安全。

信用卡和借记卡境外消费如走银联路径，刷卡都是没有手续费的。但是如果走国际路径，消费金额为非美元，会产生两种货币间的兑换费用。国际信用卡组织将按照交易金额的1.5%收取国外交易汇兑手续费，借记卡最低按交易金额的1%收取。如果消费金额为美元，则无兑换费用。根据国际组织的规定，境外交易款项的汇率是根据国际组织清算日当日的汇率为计算标准，不是消费日的汇率，也不是账单日的汇率，因此会产生汇率不同的情况，最终折合的美金金额以账单为准。如发生退货，交易仍将收取汇兑手续费。

境外刷卡手续费，其实就是货币转换费，是指当消费者使用双币信用卡或单一外币信用卡在国际结算线路上消费外币时，国际卡组织和发卡银行要收取的费用，作为换汇的报酬。

目前，中国发卡银行收取的货币转换费在 1%～2% 之间，比较常见的是 1.5%，VISA 和 MasterCard 收取的货币转换费是 1.5%。在境外，如果使用有银联标识的信用卡走银联路径进行消费，可以省去这部分货币转换费。这是因为使用银联路径结算时，银联会自动将当地货币金额根据当时汇率转换为人民币金额，即时记入持卡人的人民币账户，回国后持卡人直接按照这个金额用人民币还款即可，免去了货币转换时产生的费用。而如果持卡人使用 VISA、MasterCard 等其他结算通道，则需要将当地货币先折换为美元进行记账，回国后发卡银行再根据美元金额折换为人民币金额要求持卡人还款，其中会产生两次货币转换费，高达刷卡金额的 3%。当然，如果持卡人是在美元地区使用 VISA 或 MasterCard 路径消费，直接用美元记账，可省去一次货币转换费，但回国后要使用人民币而非美元还款，国内银行仍会收取持卡人一笔货币转换费。事实上，相比繁琐的信用卡消费金额核算，携带一张适合的借记卡出国更为便捷而划算。如果持卡人持有与目的地国流通货币相对应的双币借记卡出国消费，就不会产生任何额外费用。以"人民币＋美元"双币借记卡为例，不论通过银联、VISA 或 MasterCard 等刷卡终端，都不会产生额外费用。但如果持卡人所持借记卡的币种与目的地国流通货币不一致，则不可避免地将会出现一定额度的手续费。刷卡手续费最高为消费金额的 2.9%。

需要提示的是，银联卡在泰国、韩国及新加坡交易时的计价货币为当地货币，交易完成后，中国银联将按照我国外汇管理的有关规定，直接按照交易当日的市场汇率转换成人民币金额向发卡银行清算，发卡银行再扣除持卡人的人民币账户资金。

信用卡消费是有积分的，借记卡是没有积分的（信用卡的消费积分是否累积，需参照发卡银行积分规则的规定）。例如，刷招商银行信用卡（除商务卡、航空类联名卡、正大卡、凯莱酒店联名卡、车卡、魔兽卡、久游卡、ThinkPad 卡、QQVIP 联名卡、我爱城市金卡系列外），交易金额按单笔消费或取现计算，人民币 20 元或美元 2 元积 1 个积分，在银行记账日次日生效。但部分消费类型积分规则除外，如：买房、买车、批发、慈善、非盈利性服务、政府类支付交易、公立学校、公立医院、金融类及其他在信用卡网站上明示不累积积分的商户。

对于普通持卡人来说，在境外使用银行卡实际上很难掌握使用哪种卡能够产生最少的手续费，解决这一问题最简便的方法，就是尽量使用借记卡进行取款和刷卡消费，一般来说在同等情况下都可省去不必要的手续费。

持卡人对国际卡组织与境外结算币种往往会存在一些误解。不久前从日本旅行归来的钱小姐收到了信用卡账单，让她感到意外的是，虽然刷卡消费时刷了 JCB 双币卡，却还是被收取了 1% 的货币转换费。目前，中国发行的双币卡则是指卡片除了拥有人民币账户外，还拥有一个外币账户。信用卡上会分别印有卡组织标识,如银联、VISA、MasterCard、JCB等等,这表明了持卡人可以通过哪个或哪几个途径刷卡消费。例如,同时印有"银联"和"VISA"标识的卡片,可以在银联POS机和VISA POS机刷卡消费,而无法通过MasterCard渠道或JCB渠道刷卡消费。不过,卡组织并不代表外币币种。以JCB为例,作为日本信用卡行业的先锋,从其进入中国市场至今,JCB发卡合作伙伴发展至中国建设银行、中国银行、招商银行、浦发银行、光大银行、民生银行、上海银行、平安银行及发展至中国工商银行共同推出的卡片中,绝大多数都是"人民币+美元"双币卡,而仅在与中国银行的合作中,推出了"人民币+日元"双币卡。而像VISA、MasterCard等卡组织,也不仅仅局限于推出"人民币+美元"双币卡。因此,卡片的外币账户类型不能简单地以卡组织来区分了。消费可能产生货币转换费,并由国际卡组织收取。以钱小姐为例,她所持有的是一张印有银联、JCB标识的人民币加美元双币卡,在日本消费时,当地币种为日元,由于她没有通过银联渠道刷卡,而是通过JCB网络消费,所以,她的日元消费会被转换成美元计入美元账户中。而在此过程中,也就产生了1%的货币转换费。那么,有什么方法可以避免这笔手续费呢?建议在银联网络较少或没有的地区,使用具有相应外币币种的信用卡。在欧洲使用人民币加欧元信用卡或是欧元单币卡,在日本使用人民币加日元双币卡。即便是在银联网络遍布的中国香港地区,也可以使用港币信用卡,享受国际卡组织VISA、MasterCard等提供的刷卡优惠,同时还不产生货币转换手续费。但若使用欧元单币卡在境内进行人民币刷卡消费,或者是其他非欧元消费,则会产生货币转换费。如果持卡人还款时直接存入欧元或购汇后还款就不再产生手续费问题。另一种是有借记卡关联账户的欧元卡,若设定了购汇还款功能,那么在最后还款日前2天,只要关联账户中有足够存款,就会自动购汇还款。爱去日本旅游的钱小姐只要办一张JCB与国内银行合作推出的含日元账户的信用卡就可省去大部分的手续费和兑换费。当然也有特殊情况,对于越南盾、马来西亚吉林特等一些小币种的外币,由于与人民币结算总量较小,管理成本较高,建议还是用美元记账较好。

持卡人在国外的自助加油站加油时,收到的交易短信提醒中的金额可能比持卡人实际加油的费用多,这是因为国外的自助加油站一般会按照商家的设定冻结持卡人信用卡中固定金额,即交易短信中提示的交易金额,但最后商户会按照实际产生的加油费用向持卡人收费,持卡人不必太担心。

(2)境外预借现金。在境外,持卡人可在有VISA或MasterCard标识的银行柜台,凭有效身份证件、信用卡和支付密码提取当地货币;也可通过VISA、MasterCard或银联自动柜员机(以下简称ATM)使用信用卡和支付密码提取当地货币。在境外提款时,若通过有银联标识的ATM交易,记账币种为人民币,汇率按照中国银联提供的汇率予以换算。由于反洗钱的需要,目前中国境内银联人民币卡境外每日取现金额不超过等值 1 万元人民币；每年在境外累计取现不得超过等值 10 万元人民币。信用卡因信用额度的原因，发卡银行会单独设定取现限额；若通过 VISA 和 MasterCard ATM 交易，记账币种则为美元，汇率按照 VISA 和 MasterCard 卡国际组织提供的汇率予以换算。中国港澳地区银联 ATM 提款规则为：中国香港地区每日累计不得超过港币 4500 元，中国澳门地区每日累计不得超过 4800 澳门元。在境外提款时（含溢缴款），1 日内累计提现不得超过等值 1000 美元，1 个月内累计提现不得超过等值 5000 美元，6 个月内累计提现不得超过等值 10000 美元。由于境外的自动柜员机一般提供若干个账户，供持卡人选择（包括 Credit Card Account、Saving Account、Checking Account），请您注意选择"Credit Card Account"。

目前，银联卡的手续费境外 ATM 提现是按每笔交易金额的 1% 加收 12 元人民币的标准收取的，但是如果在美国、日本办理银联 ATM 取现业务时，除境内商业银行向持卡人收取的正常境外取现手续费外，当地受理机构可能会向持卡人收取额外手续费。中国工商银行目前规定境外提现手续费最低 14 元，最高 112 元。招商银行一卡通在境外通过银联系统 ATM 取款，按照每笔交易金额的 5‰，最低每笔 10 元收取手续费。如果持卡人境外取 1000 美元，用中国工商银行的借记卡取现，手续费在 75.8 元人民币左右，而招商银行的借记卡手续费仅为 31.9 元人民币，华夏银行和平安银行的借记卡则可以免费。如果取现额度更大，则节省的费用开支更多。目前持卡人使用

VISA 或 MasterCard 在境外 ATM 提现,手续费按照每笔取现金额的 1%,最低 2 美元的标准收取。不少商业银行都不定期地推出境外跨行取款手续费的优惠活动。

很多人在 ATM 上取款的习惯都是先查询余额,再进行取款,这在国内一般不会产生额外的费用,但在境外就需要注意了,各家银行境外 ATM 查询余额也可能收取不等的手续费,比如华夏银行、光大银行、中信银行都是免费,而兴业银行、平安银行、广发银行等要收取每笔 2 元人民币的查询费用,中国银行、中国工商银行则要收取每笔 4 元人民币的手续费。

在境外使用银联信用卡取现,不仅手续费会高于借记卡,还会被收取每日 0.05% 的利息,直到还清款为止。即使有的银行取现手续费免费,但仅是利息已经非常不划算了。不少持卡人为了在境外用卡更方便,都会办理一张双币卡,既可使用银联路径又可使用 VISA 或 MasterCard 路径结算的银行卡。一般来说,在境外使用银联通道能够省去 1%~2% 的货币转换费,更加划算。但需要注意的是,在境外 ATM 取款会有一个路径选择优先级的问题,而且不可更改。也就是说,持卡人看到一台 ATM 上有 VISA 和银联的标识同时存在,ATM 会选择它已经设置好的优先级使用路径,持卡人个人无法选择,大多数情况下境外 ATM 设置的 VISA 路径都会优先于银联路径。所以,在境外 ATM 上想要走银联路径取现,最好还是使用只有银联标识的单币卡。

(3)境外消费退税。在境外购物消费时,可享有免税店所提供的免税商品的退税优惠。退税的方式主要有两种：一种是现场退税，即交易的金额不包含应缴的税金或在店面直接领取退税现金，但前提是持卡人必须要履行该国政府规定的退税手续，否则商户有权在1个月后从持卡人的信用卡中补扣应缴纳的税金（可能还需额外支付罚金）；另一种是事后退税，即交易金额包含税金，商户在持卡人履行了退税手续后再将退税额退回至交易的信用卡中。由于各国的退税规定不尽相同，提醒持卡人需留意。

退税的"税"指的是增值税或者消费税，所谓的履行退税手续是指，必须在出境时在海关办理退税手续，海关在受理后会在两联退税申请表上盖章，商户或退税机构若在规定时限内收到海关盖章的退税申请表，即视为退税成功。购物时请仔细阅读退税申请表的条款，在明白协议及需履行义务后提供信用卡压卡并签名，当场将其中一联交给商户，另两联留至出关时办理退税手续时使用。

离境时请务必按照相关规定办理退税手续，即将所购物品与退税申请表交海关检查，海关核实无误后会在两联退税申请表上盖章，由申请人自己保留客户联（通常为蓝色），将店家留存联（通常为粉色）装入商户提供的退税专用信封，投入机场退税指定邮筒，或按其他指定的方式送回退税机构或商户。信封已经预付了邮资，申请人可以在购买地所在国境内免费寄送退税申请表，但是，若不在购买地所在国境内寄送，则可能需要额外补充邮资。

请申请人务必保留另一联海关盖过章的退税申请表（客户联），一旦发生纠纷，此凭证可以作为解决争议的有力证据。

（4）境外紧急支援服务。目前中国国内商业银行的联合国际组织都可为持卡人境外出行提供紧急支援服务，如持卡人在境外旅行时遇到紧急情况，可致电发卡银行24小时境外用卡服务热线，或国际组织当地服务热线请求帮助。主要的服务内容如下：

紧急替代卡：如果持卡人在国外旅行时，发现信用卡不慎遗失或被窃，却仍需继续使用信用卡时，可以致电发卡银行24小时境外用卡服务热线挂失信用卡，并申办紧急替代卡。发卡银行在接到持卡人的申请后，会立即联系国际组织为持卡人办理紧急替代卡。国外发卡机构会主动与持卡人联系，并确认取卡时间、地点与方式。申请紧急替代卡后，持卡人应在同一地点至少停留48小时以上，以方便联络和收取信用卡。紧急替代卡仅限持卡人领取，领取时需出示持卡人的有效身份证件。若证件遗失，需要持卡人提供证明身份的资料。紧急替代卡超过5日未领取，将会被自动注销，但持卡人仍需支付补发紧急替代卡所产生的手续费。同时，紧急替代卡只能用于刷卡消费，不能预借现金。紧急替代卡只在指定时间内有效（一般情况为90天），到期后即自动失效，需持卡人自行剪断丢弃。

紧急现金支援：本服务是为持卡人在境外遗失信用卡后尚

未收到补发新卡期间,需要提取现金而提供的一项紧急支援服务。在补发的新卡激活前,对同一持卡人最多只能提供一次境外紧急现金援助服务。各商业银行信用卡的紧急取现的限额各不相同,但一般为:普卡等值300美元;金卡等值500美元;VIP客户等值800美元。

国内各家商业银行信用卡对境外补发紧急替代卡服务、境外紧急取现服务均有手续费收取的相关规定。

18. 巧用信用卡分期

持卡人既想潇洒刷卡消费，又不愿在还款时感到捉襟见肘，最好的办法就是学会使用信用卡分期。信用卡分期付款是指信用卡的单笔消费或全部账单，只要满足发卡银行一定的条件，就可以不用到期一次性全额还款，而是选择一定期数每期等额付款直至还清全部款项。当然，需要支付一定数额的手续费。目前，国内各家商业银行推出的信用卡分期产品种类多样，方式灵活方便，申请也较为快捷。但是，使用信用卡分期必须了解清楚银行信用卡使用规则和收费标准。

以北京银行"上班族 i 分期"产品为例："上班族 i 分期"是北京银行现有的分期付款产品中专门针对工薪阶层的一款信用卡分期产品，且是北京银行信用卡首款开放客户群的分期付款业务的产品，在申请条件、核查方式及其核给额度多个环节均有不同于以往分歧产品的政策出台。该分其产品可用于客户缴纳学费、医疗费、装修、买车、出国留学以及旅游消费支出，通过分期服务使客户摊销消费成本，提高短期资金流转效率，减轻短期资金的压力，同时还可以让客户提前享受较高品质的生活消费和服务。北京银行对申请办理"上班族i分期"产品的客户有以下审核要求：有完全民事行为能力的中国公民；年满18周岁且不超过60周岁，在本市有固定住所；具有稳定的职业和经济收入，有按期偿还的能力，资信状况良好；在本市连续缴存公积金满12个月；无北京银行未结清的信用贷款或分期业务。不管是装修、买车、出国留学还是旅行，"上班族i分期"均可以帮助年轻人提前实现青春梦想，免担保免抵押，提供房产证明还可以提升额度，最长可分36期，最高可贷50万元人民币。手续费费率每期0.65%，无其他费用或利息；选择一次性付清手续费，还可享每期0.6%的优惠费率。分期期限有6个月、12个月、24个月、36个月四档供选择。有房贷也能申请，申请额度最低1万元，最高50万元（房产证或者购房合同复印件），30万元以下自主支付，钱直接转账到借记卡上。与同业同类产品相比，"上班族i分期"的收费目前是最低的，具有非常明显的价格优势。同时，该款产品的申请手续在同业同类产品中也是最为简便快捷的。只要符合相关资质，客户只需提供身份证明就可申请，放款速度非常快，最短只需3天。截至2016年年末，该款产品的放款额占北京银行全部信用卡分期付款业务金额的比例在48%以上，该产品创造的手续费收入占北京银行所有手续费收入月平均增速的44%。"上班族i分期"在保证客户信息真实性和风险可控前提下，让客户能够非常方便申请到分期付款优惠，并突破了北京银行原有信用卡分期付款仅针对行内现有客户群的限制，首次面向广泛的客户群开放。

中国工商银行对信用卡消费转分期也推出了优惠费率，1年期的手续费率仅4%。100元的信用卡分期1年仅需支付4元钱的手续费。中国工商银行的现有信用卡客户可通过电话、网上银行、短信或柜面渠道申请。信用卡短信分期是目前中国工商银行在为持卡人提供的电话、网银及其柜面办理分期付款业务方式的基础上，逐渐推广的分期付款方式。当信用卡持卡人在商户POS机上刷卡结账后，中国工商银行客服中心会主动向开通短信订制并符合条件的客户发送消费划款信息、分期付款办理邀请信息及手续费详情。持卡人收到分期付款办理邀请信息后，根据短信提示回复交易代码"FO#期数"至95588就可办理分期付款。分期付款业务订制成功后，中国工商银行根据与持卡人达成的期限按期进行扣款并收取手续费，持卡人则须按月进行分期还款。还款期限有6期、12期和24期等不同期限，由信用卡持卡人进行选择。

中信银行提供的信用卡分期产品"随借金"，按日计费，随借随还，同样相当吸引持卡人。除了消费时的分期付款，预借的现款也可以分期还款。中信银行的"随借金"产品依托信用卡，向符合条件的优质信用卡客户提供按日计费、随借随还的现金借贷产品而不需提供任何申请材料，30秒极速放款，每日的费率0.04%，低于信用卡取现0.05%的利率。持卡人申请分期付款成功后，现金实时转入持卡人本人名下的借记卡或中信蓝卡账户。"随借金"产品的借款期限有7天、10天、14天和20天四档期限可供选择，很适合超短期急需用钱的信用卡持卡人。

如果信用卡持卡人有着长期的理财规划，每月都有固定的金额投入到基金、债券或股票市场，而眼看与夫人的金婚纪念日快到了，需要买对翡翠手镯送给夫人但又不想影响自己的理财计划，怎么办？华夏银行信用卡的灵活分期让信用卡持卡人不限商户、不限商品，未出账单的单笔消费不低于人民币500元或者等值外币的持卡人都可申请转为免息分期付款。该款产品有1期、2期、3期、6期、9期、12期、15期、18期、21期、24期多种分期方式供华夏银行信用卡持卡人进行选择。即使已出账单，照样可以轻松申请分期。持卡人只要归还最低还款额，即可申请将上期本外币账单中的交易金额转为最长24期的免息分期付款。

目前大多数商业银行提供的信用卡分期产品都要求持卡人单笔消费在人民币500元或等值外币以上才能申请信用卡分期付款。但是浦发银行的信用卡持卡人持浦发信用卡刷卡消费，只要单笔消费在人民币200元或等值外币以上就可申请信用卡分期付款，而且还可选择自由分期付款。自由分期付款的期数有3期、6期、12期、15期、18期和24期可供选择，每期是1个月。主卡持卡人可于刷卡消费后至当期账单的到期还款日之前两天内选择申请自由分期付款。最特别的是，浦发银行信用卡自由分期付款手续费提供分期收取和一次性收取两种方式，且手续费发卡银行扣收后不予退还。从费率来看，一次性收取的费率较分期收取肯定是较低的，例如，同是分3期，一次性收取手续费费率是2.64%，而分期收取的费率单期是0.9%，3期合起来就是2.7%，略高于一次性收费。但刷卡金额较大时就需要持卡人斟酌考虑了。

选择分期还款期限是分期付款最需要考虑的优先因素。一般来说，分期的期限越长，平均到每期的手续费就会越高。分期付款需要信用卡持卡人根据自己的资金状况选择合适的还款期限。若不是自身资金紧张最好不要选择太长的分期期限。信用卡持有人还要注意分期付款手续费收取方式问题。根据相关银行数据显示，目前商业银行信用卡手续费的收取分为本金按月偿还手续费在首期一次性收取，本金和手续费按月收取，首期还所有手续费最后一期还本金，每月还手续费最后一次还本四种方式，其中以前两种比较多见和易于接受。生活中很多持卡人在办理了信用卡分期付款业务之后意识到每期承担一笔手续费好像并不划算，于是向发卡银行申请提前还款，好早点结束分期付款。然而有些商业银行对于提前还款后剩余期数的手续费并不给予免除，会一次性计入持卡人的账单，已经全额一次性收取的手续费也并不退还。在这种情况下，信用卡持卡人再申请提前还款已经没有多大意义。信用卡分期付款虽然有一定的成本，但是在持卡人资金紧张的时候的确能够起到缓解的作用。如果持卡人办理了分期付款业务，那么就应该尽量避免提前还款。换句话说，信用卡分期提前还款并不划算。既然持卡人已经承担了分期成本,就要享受到分期的好处。建议在分期期间持卡人将自己手中的闲置资金用于投资理财来获取收益,这样在补偿了分期还款的手续费后还有不菲的收益收入囊中。

19.
信用卡多了并非好事

信用卡能带来很多方便，可透支消费，还能够缓解持卡人暂时资金短缺的燃眉之急。持卡人的信用额度可以随良好的使用记录累加升级，同时消费可享有免息期，积分累加，可以换礼物。大多数信用卡在国外同样可以方便的使用，而且很多商户为信用卡持卡人提供打折。正是由于这些优势，一些人在申请信用卡的时候，会向多家银行申请多张信用卡使用，不过这样做也会有一些弊端产生。拥有多张信用卡会造成管理上的不便，降低资金的使用效率，另外，对于那些自控能力不足的持卡人来说，拥有多张可以透支的信用卡可能会过分扩大消费欲望，造成盲目消费，危害持卡人的财务健康。盲目消费的后果是日后带来比较大的还款压力，甚至造成负债累累，影响日后的生活质量。因此，持有多张信用卡并不一定就好，持卡人应根据实际用卡情况，综合比较，对多张卡的功能进行整合。选择为自己量身定做的信用卡，提高个人资金的管理效率。最后，由于多张信用卡的使用，还有可能会让持卡人在用卡不慎的情况下留下不良记录。从而影响到日后贷款、买房、买车等大额贷款的额度。建议不用的"睡眠卡"应尽早注销，减少不必要的费用支出。目前大多数信用卡是有年费的，往往在刷卡次数不达银行规定的情况下，年费是不能减免的。如果是多张信用卡刷卡使用，又不能减免年费的话，对于持卡人来说每年也会增加一笔不小的开支。

持卡人若同时持有同一银行多张信用卡则这多张信用卡存在一个额度共享的问题，也就是说持卡人手中所持有的信用卡共用一个额度，并不会因为卡多而使总额度增加。目前国内除了招商银行、民生银行的信用卡外，多数银行的信用卡都是单独出账单并单独还款，因此持有同一银行多张信用卡还款是个棘手问题。而且每一张信用卡都有年费需要刷够一定次数或者金额才能免年费。那么，持有同一银行多张信用卡的情况下，持卡人需要考虑年度内每一张信用卡都要刷够免年费的次数和金额，管理起来十分不便。一旦其中一张信用卡忘记还款就会产生逾期。当然，像招商银行、民生银行信用卡是多张卡共用一个账户、出一份账单、统一还款，相对来说就比较容易进行管理。申请同一银行多张信用卡的另一大弊端就是持卡人持卡数量过多，会体现在持卡人的个人征信系统中，对于持卡人以后申请新的信用卡、房贷、车贷，会有一定的不利影响。

其实，在只有一张单币信用卡的前提下再申请一张双币卡或者多币种信用卡满足境外刷卡需求，是个不错的主意。如果申请的信用卡属于终身免年费的信用卡就更合适了。需要注意的是，每一张卡都有一个对应的账单日和一个最后还款日，信用卡太多的话，每个月的账单就多，最后还款日也不相同，所以就需要有很好的记性，才可以有条不紊地处理好按时还款的问题。持卡人若把过多的精力放在多张信用卡还款这个问题上，确实是一件极不划算的事情。不仅还款麻烦，而且一不小心有了逾期记录，以后再办卡、申请贷款都不会顺利。同时，拥有的信用卡太多，无法对每张卡进行全面的保护，这样的话，信用卡被盗刷的可能性就大大增加了。正因为卡太多，有的卡不常用，即使卡被盗刷了，持卡人也不会及时发现，损失往往非常惨重。办的卡越多，丢卡的风险也就越大。所以，一定不要随意在网上泄漏了个人信息资料，对所持各卡的使用情况要做到时时掌握，加强自我保护意识，以免造成不必要的损失。综上所述，建议办信用卡不宜太多，最好不要超过3张。使用2张信用卡就可以了，1张低额度的，用于日常消费；1张额度稍高的，用来购置大额商品。信用卡太多，确实麻烦也多，大家应该按照自己的实际情况合理选择拥有信用卡的数量。

20. 信用卡的还款

当持卡人在开卡银行办理信用卡的时候,就应该问清这家银行的信用卡支持哪些还款方式,并尽量选择办理还款方式更加多样化的信用卡。仅就还款金额来论,目前信用卡有全额还款和最低还款额还款两种方式可供选择。持卡人选择全额还款的,需要在规定的期限内还清当期账单上显示的全部应还信用卡还款额。选择全额还款时,消费款项会享受 20~56 天的免息待遇。对于因特殊情况需要持卡人选择最低还款额方式,银行对于持卡人应偿还的最低金额是有规定的。持卡人只要在信用卡到期日前还清最低还款额或以上金额就可以享有循环信用。同时要注意,享有这种方式的持卡人不能再享受免息期,需要根据实计天数收取利息。因为每笔持卡消费的日期不同,相应的信用卡免息期也不相同。持卡人只要学会计算信用卡的免息期,就可以用完银行提供的一切免息贷款待遇,同时也避免了由于对免息期和还款日期不清楚,或者是错过了还款日期,承担了额外的欠款利息。目前,持卡人如果在到期还款日前还清了全部还款额,相应还款额中在账单日前1个月内发生的消费交易本金可享受由银行记账日到还款日期间的一切免息待遇。银行的信用卡都会有一个免息的还款期,但费率由于各银行自行制定,所以利息计算结果会有所差别。

　　建议持卡人在使用信用卡透支消费后,要仔细阅读每月的对账单。银行系统在打印对账单时,会根据上月卡的使用情况,计算出已还款金额、应还金额,是否超过最低还款额等要素。如果上月已还金额已经超过最低还款额,对账单上的最低还款就应显示"0.00"。其实最简单还款方法,就是每个月的透支无需提前偿还,等到下期银行记账日前固定的某一天还清就可以了。持卡人还应了解如何计算"免息期"。标准的免息期解释是:持该信用卡消费结账可享受自银行记账日起计算的最短20天、最长56天的免息还款期。免息还款期的具体计算,涉及银行"记账日"、"结单日"和"还款日"。在商户结账后的当天或最迟第二天是银行"记账日",银行的每月最后一个工作日为"结单日",结单日后20~25天为"还款日"。以中国银行长城信用卡为例,如果持卡人在5月11日持信用卡在某商场透支消费结账,那么5月12日为中国银行记账日,5月31日为中国银行向客户送月结单日,这笔透支消费交易的最后免息还款日就是6月20日,这样该笔交易的免息还款期为40天。依此类推,如果是在5月1日消费结账,最后还款日将为6月20日,就是说该笔交易可以享受50天的免息期了。

此外,持卡人在收到银行卡对账单时还会发现一栏"最低还款额"信息。如果持信用卡透支消费了3000元,那么持卡人收到的对账单"最低还款额"一栏的信息即为300元,即总透支金额的10%。持卡人如果在免息期内手头暂时拮据,那么只需在免息期内先还300元,就不会被视为恶意透支。但如果不还足最低还款额,那么银行将视其为恶意透支,将加收"滞纳金",并记录在不良信用"黑名单"上。

信用卡持卡人只有遵循信用卡的相关条约,自身利益才会受到保护,同时也会给持卡人的生活提供很大的便利。持卡人应特别记住以下几点:

(1)客户可按照发卡机构规定的最低还款额还款。最低还款额为发卡机构规定的客户应该偿还的最低金额。

最低还款额 = (本期账单余额 − 本期未还利息 − 本期未还费用 − 本期分期分摊未还金额 − 上期最低还款额未还部分) × 10% + 本期未还利息 + 本期未还费用 + 本期分期分摊未还金额 + 上期最低还款额未还部分。

(2)客户未能在到期还款日(含)前全额还款的不享受免息还款期待遇。不享受免息还款期待遇的,已偿还部分按透支利率计收自记账日至还款日的利息,未还部分按透支利率自记账日持续计息。免息还款期是指客户除现金及转账外的交易从发卡机构记账日起至对账单通知的到期还款日(含)止的时间。客户在到期还款日(含)前偿还对账单所列的全部应还款额的,则无需支付除现金及转账外交易的透支利息。信用卡透支利率为日利率5‰，透支利息的结息日为账单日，在次日起息，按月计收复利。

案例：王先生于2016年3月到银行办了一张信用卡。2016年5月30日，他用这张卡在商店消费了1005元，在银行规定的到期还款日2016年6月23日前归还了1000元，尚余5元未还。2016年7月4日（即规定到期还款日后的第12天），他收到银行对账单，要求其交纳透支利息12.09元。本金只剩5元的透支款，仅12天时间就需支付近3倍的利息。像王先生这样由于不了解信用卡透支利息的计算方法，而向银行交了"冤枉钱"的人实在不在少数。

（3）客户未能在到期还款日（含）前偿还最低还款额的，除应支付透支利息之外，还应对最低还款额未还部分按各商业银行的收费标准支付滞纳金。

（4）尽量避免使用信用卡提取现金。胡女士前不久遇到一件急事，情急之下她用信用卡透支取用现金2000元。不久她接到了银行发来的对账单，对账单上不仅列出这笔款项20天的透支利息20元，而且还有高达60元的手续费。胡女士心里十分窝火，便去找银行理论。银行工作人员告诉她，按照《银行卡业务管理办法》的有关规定，信用卡透支取现不享有免息期待遇，从透支取现的那一天起，就要按日5‰的利率来计算透支利息，同时还要按透支金额收取3%的手续费。胡女士进一步打听才知道即使转账使用信用额度的，同样不享受免息还款期待遇，发卡机构将从记账日起计收透支款项的利息至该笔款项获得清偿时止。通过信用卡提取现金与银行1年期短期贷款5.31%的利率相比，高出了很多。另外，对于在ATM上提取的现金还要收取1%左右的佣金。所以不是万不得已，应尽量避免用信用卡进行现金和转账的透支交易。

（5）升级信用额度不要太任性。刘先生2016年年初在某银行申办了一张信用卡，最初银行授予的透支额度为2万元。然而最近3个月，在他连续申请下，银行连续三次将他的透支额度提升到5万元，而且还批准了一个很高的临时透支额度。透支额度的快速提升，大大刺激了刘先生的消费热情，在3个月的时间内，他近乎疯狂地进行透支消费，透支消费额度累计高达20余万元，因而也付出了2000余元的透支利息。据相关工作人员透露，这种大幅提升贷记卡额度，怂恿持卡人疯狂透支消费在许多银行都存在。由于银行的信用卡业务正处在拓展期，为了使自己发行的信用卡占领更多的市场份额，同时也是为了获取更多的透支利息，许多银行机构都将审批信用卡透支额度的条件放得很宽。所以，当持卡人轻而易举地获得较高的透支额度时，可要千万小心，切莫跌入疯狂透支消费的陷阱之中。

目前可供选择的信用卡还款方式有：

（1）使用发卡行ATM偿还。如果打算使用发卡行的借记卡或他行的借记卡还款，登录开户行ATM还款首页，点击信用卡还款按钮；进入信用卡还款信息界面后按照提示，选择信用卡发卡银行、输入信用卡号、持卡人姓名、每月还款日、还款金额及联系方式并确认；转出借记卡网上银行完成付款或按照提示使用他行借记卡通过网上银行完成付款；还款结束后别忘了进行交易查询并打印凭条留存。还款后，信用卡额度即时恢复，款项一般在当天系统处理后，即可入账。跨行转账或者汇款，汇出行将收取一定的费用，同时款项在到账的时间和还款便捷程度上都不如同行内还款、网络还款方式。如果打算使用现钞进行还款，去找这家银行能够存款的自动存款机还款，将信用卡插入存款机中，点击存款，在入钞口放入钞票，按照提示完成，就可以还款了。经常有人民币出现褶皱被存款机吐出来的情况。有时候要反复操作好多次。

（2）手机还款。手机是一种移动金融系统个人支付终端，既可以用来直接刷卡还款，也可以进行转账还款。

（3）网络还款。网络还款已经成为广大信用卡使用者的一种常用还款手段。登录网上银行界面后，在收款方户名框内填写信用卡持卡人姓名，在收款方开户行内选择发卡行贷记卡名称，在转入收款方账号框内填写贷记卡卡号，在备注框内填写信用卡还款，在取款密码内输入取款密码，在确认完毕后，系统将提示转账是否成功及转账的金额。目前，持卡人可使用某些银行的"付款计划"功能预先设定付款日期，网上银行将根据持卡人的要求，一次性或每月定期从一卡通转账向持卡人的信用卡或者持卡人指定的他人的信用卡转账还款。

（4）使用拉卡拉机具还款。一些超市、商城等地方都设有拉卡拉机具，使用拉卡拉的时候必须同时携带信用卡和借记卡。按照提示找到信用卡还款界面，然后刷一下需还款信用卡，机具会显示持卡人信用卡的欠款金额，根据提示输入持卡人要还款的金额，注意必须保留小数。再根据提示刷一下持卡人的借记卡，然后打印凭条，还款结束。若持卡人实在不会操作，就找商场的工作人员帮忙，但一定要注意密码的保密。拉卡拉并非支持所有银行的信用卡还款，但至少目前通过这个渠道还款是免手续费的。

（5）绑定同一家银行的借记卡自动还款。持卡人通过绑定同一家银行的借记卡，并开通自动还款功能，可在每月的信用卡最后还款日自动把借记卡账户内的钱转到信用卡账户上。但是，使用借记卡自动还款，需要保证持卡人的借记卡上有足够的资金全额还款，如果因为资金不足而导致未及时还款，那就不划算了。

及时全额还款，不仅会免除银行利息开支，还能给自己留下良好的信用记录，银行会帮助持卡人积累信用积分，有助于提高持卡人的透支额度，或者在办理房贷、车贷时帮持卡人减少审批程序。从另外一个角度讲，透支事实上构成了客户与银行之间的借贷关系。到期不还款，不但会引发法律纠纷，还会承担高额罚息，最重要的是会形成不良记录，给今后的工作生活带来负面信息。需要说明的是，信用卡违约后所涉及的罚息是一种循环信贷费用。其实质是一种按日计息的小额、无担保贷款。如果在最后还款日未全额还款，在下期对账单上，则会产生循环信用利息，且需要从消费入账日起计算利息。目前除了中国工商银行实行余额罚息外,其他商业银行仍实行全额罚息。全额罚息是指即使客户偿还了部分款项,但在计算罚息时不扣除偿还部分,利息费用通常按日息5‰计算。此外有的银行规定,记账日起15日内按日息5‰计算,超过15日按日息0.1‰计算,超过30日或透支金额超过规定限额的,按日息15‰计算。但如果属于恶意透支的,按照《刑法》规定,对恶意透支信用卡5000元以上,银行经3个月催收未还,情节严重者,还可能因诈骗罪被追究刑事责任。2012年11月开始,中国人民银行新版个人信用报告已经上线,逾期记录留存的时间为5年。此举意味着市民的逾期负面记录不再伴随终身,若能持续5年按时足额还款,可还回信用清白。

21. 学会使用银行自助设备

银行的自助设备包括自动取款机（ATM）、自动存款机、自动存取款机（CRS）、银行自助查询终端、自助缴费机、存折补登机等，客户可通过自助方式在相应的自助设备上完成存款、取款、转账、查询、密码修改、存折补登、交费、投资理财等功能。

根据中国人民银行要求，银行正在对自助设备进行人民币冠字号打印功能升级，冠字号功能可以记录每一笔存取款业务的冠字号码，作为交易的凭证。随着这一功能的逐步覆盖，大家的假钞顾虑就彻底可以放下了。至于有人担心的自助设备转账错误问题，目前需要先后两次输入账号且号码一致，之后，页面会显示输入账号所对应的账户名，以再次确认转账信息，即使用自助设备完成转账，需要经过三次信息确认。如果持卡人3次确认都大意忽视转错账，应及时联系银行，以便银行协助追回钱款。

进入银行自助银行服务区有时需要在自动门上刷卡（借

记卡或信用卡），但不需要密码；持卡人如遇要求输入密码方可进入时，应及时报警，而不要输入密码。使用前请您仔细阅读自助设备上的使用须知，不同的设备可能有不同的要求。在自助设备上进行存款、取款、转账等交易前，请了解对交易金额（每笔金额、累计金额等）的限制。如果持卡人不能确定银行卡或账户的密码，请选择到柜台上交易。为了防止有人冒用持卡人的卡，银行都会在自助设备上设置密码输入错误的次数限制，密码错误超过规定次数，持卡人的卡片或账户会被临时锁住，需要持卡人及时到柜台上出示本人有效身份证件后才能解锁。在自助设备上交易时，一定要及时将机器中吐出的现金、卡清点收妥。银行为防止持卡人遗落现金和卡，都会在自助设备上设定时间限制，超过规定时间没有将现金和卡取走，设备会自动收回，持卡人需要与银行联系解决。使用自助设备前，请您仔细观察设备机身或周围是否有可疑张贴物，设备出钞口是否有异物封堵，插卡口是否被安装假的插卡槽，周边是否安装了微型摄像头等盗卡装置，如遇可疑情况，请拨打该设备所属银行的客服电话咨询。目前银行取款机和存取款一体机都已安装密码防窥罩，如遇可疑情况，请及时联系附近的银行网点或拨打银行客服电话反映。

使用自助银行内的自助设备时，应有自我保护意识和相关准备：尽量避免太晚时间进入自助银行，避免进入位置僻静的自助银行；进入自助银行时，要注意观察有没有人不刷自己的卡而尾随持卡人进入；使用自助设备时，要注意观察后面的人有没有站在一米线以外的安全位置,还是站在背后偷窥持卡人的账号、密码;使用前自助设备前观察一下自助设备上有无可疑的附加装置;有陌生人跟持卡人说话或干扰持卡人时,尤其要注意先取回卡、现金和交易凭条;尽量使用光线明亮位置的自助设备,以免不法分子在光线昏暗、位置相对隐蔽的自助设备上安装可疑装置,而不易及时发现;一旦有吞钞、吞卡、密码报错等不正常事件发生,不要急于离开自助设备,而应该拨打银行统一的客户服务电话寻求帮助;银行卡背面都印有该银行统一客户服务电话,持卡人可按此电话号码拨打;千万不要向任何来历不明的账户转款;不要把自助银行打印出来的显示有卡号、余额等信息的交易凭条随意丢弃,尤其不要丢在自助设备旁的废纸篓里;持卡人使用银行自助设备过程中遇到不明事项,应及时拨打银行客服电话进行咨询,如果在银行网点营业时间内,可以咨询银行网点大堂经理等工作人员,不要轻易采纳他人意见或根据非正规提示进行操作,以免发生风险;输入密码前,要注意观察周边环境,防范可疑人员,并留意自助设备上是否有可疑装置,密码键盘是否有改装过的痕迹或被贴上薄膜,待确定环境安全后再进行操作。输入密码时,尽量用手或身体进行遮挡,防止他人窥视;使用自助设备过程中,请按自助设备屏幕上的提示进行操作,注意用手或身体进行必要的遮挡,防止他人窃取持卡人的信息资料,交易完成后,请及时取回银行卡。如使用过程中观察到可疑人员在旁观望、催促,请立即取回银行卡,避免遗忘在设备里,并检查卡片是否是自己的，防止被人掉包，造成账户资金损失。

自动存款机和自动存取款机提供持卡存款、无卡存款两种服务。持卡存款的步骤为：插卡，输入密码，选择"存款"，放入纸币，核对无误后确认；无卡存款的步骤为：选择无卡存款，输入卡号，确认姓名，放入纸币，核对无误后确认。存款前，应按照银行的提示准备好纸币，确保纸币平整并容易被设备识别。不同银行对于单次存款会有最多张数的限制，应注意银行的相关提示，若超出上限数量，需分多次存款，以免出现吞钞未入账的情况。

自助设备出现不吐钞情况时，可先通过"余额查询"功能确认余额是否减少。若余额未减少，则银行并未扣账。若余额已减少，客户视线尽量不要离开设备，并联系银行营业网点工作人员协调解决；若非营业网点营业时间或是离行式自助设备，可在原地拨打机具管理银行的客服电话进行求助，或拨打银行卡上的客服电话号码。拨打电话时，要避免被不法分子转移注意力，掉包或窃取银行卡。

自助设备吞卡后，请不必惊慌。应在自助设备前耐心等待几分钟，确认卡片被吞后，可联系营业网点工作人员领卡。若非营业网点营业时间或离行式自助设备，应立即拨打机具管理银行客服电话，询问取卡流程。同时，可拨打发卡银行电话确认账户交易。各家银行均有严格的吞没卡管理机制，若持卡人仍担心银行卡被吞没后的安全，可及时联系客服中心进行处理，并按银行指定时间持本人有效身份证件到自助设备所属管理机构办理领卡手续。过期未领,银行将按照有关规定对被吞卡片进行处理,您须到发卡银行指定营业网点办理补卡手续。

自助设备取款、转账一般均有每日最高金额限制和单笔金额限制。每家银行的规定略有不同,应详细参考各银行公布的取款、转账限额标准,以免未能及时足额提取所需金额或办理转账,影响使用。

自助设备跨行取款、转账手续费由所持银行卡的发卡行规定。多数银行会对跨行取款、转账收取一定的手续费,也有银行提供有条件的免费服务,具体应向发卡银行了解。为避免支出跨行取款、转账手续费,建议尽量通过发卡银行自助设备取款,或在同一银行账户间进行转账。

目前已发现的自助设备诈骗形式有:在ATM上张贴紧急通知或公告,让持卡人把资金转移到其指定的账户上;将自制读取信息装置放入ATM读卡器内,当取款人将银行卡插入插卡口时,实际上是插入该自制装置,出现"吞卡"假象;利用自制装置在ATM出钞口设障,如用铁片或胶水粘住出钞口,使ATM吐出的钱卡在出钞口内,等持卡人离开后不法分子再将钱取走;直接在ATM上安装微型摄像装置,或利用高倍望远镜在距ATM不远处窥视,窃取客户的银行卡密码;不法分子冒充"好心人"提醒或帮助受害人提款设诈;用内有电路装置且具有记录存储功能的假ATM键盘附在真ATM键盘上,截取持卡人真实信息。目前,诈骗手段花样百出,不法分子将真实银行客户服务电话号码嵌入手机号码,伪装银行客户服务热线骗取客户信用卡信息。建议如果持卡人接到自称是银行客户服务热线的来电,可挂断电话后,按照所持有的银行卡上显示的统一客户服务电话回拨确认。

现在,自助设备在银行业务中得到广泛运用,发挥着越来越重要的作用。成为人们日常经济生活中的"全天候服务银行"。更多的自助设备将为百姓生活带来更多的便利和快捷。然而使用银行自助设备时要注意用于自动柜员机取款的银行卡应与身份证件分开存放。银行卡是依靠磁性来储存数据的,存放时应注意远离电视机、收音机等磁场以及避免高温辐射。随身携带时,应和手机等有磁物品分开放置,携带多张银行卡时应放入有间隔层的钱包,以免损坏数据影响在机器上的使用。同时,对于柜员机前的各种银行公告、通知要辨明真伪,必要时,应和银行取得联系,以防止上当受骗。对于自动柜员机吐出的取款凭条,许多用户一般都随手扔掉。这些凭条上有取款卡的卡号、金额等信息,如果被坏人捡到,会影响存款的安全。同时,柜员机凭条作为个人取款的凭证,可以记录家庭开支流水账。如果事后发现取款额与存折登录不符,可以凭此向银行查询。如果发生吞卡,机器吐出的凭条更应妥善保存,上面有吞卡原因代码,有此凭条,银行便能迅速查找吞卡原因,及时将银行卡返还客户。持卡人应定期到银行登录存折或让银行打印对账单,以便及时发现因线路故障、操作失误、电脑记账串户等原因造成的账务差错以及非正常的存款丢失。如果发现账户资金被套取,要及时通过电话、网上银行等快捷方式对银行卡和存折进行临时挂失,并在 5 日内到银行营业网点办理书面挂失手续,以确保账户资金安全。

中国工商银行在个人自助设备投入方面是很有代表且发展较全面的银行。目前其安装了"触摸屏"的自助设备有:排队机、存取款一体机、查询缴费机、转账汇款机;安装了非触摸式屏幕的设备有:自动取款机、补打发票机、网上银行查看登录设备。在使用中国工商银行触摸屏自助设备时,持卡人在触摸屏上要选定某一个选项时,要用让手指去"点击"该选项的方法,而不是用"按"的方法。二者的区别是:"点击"的动作是手指触到屏幕后立即抬起,触屏的时间短,只有 0.1~0.3 秒;而"按"的动作则是手指触到屏幕后并不马上抬起来,而是持续一段时间并连续向屏幕施加一定的压力,触屏的时间往往是"点击"的几倍、十几倍、甚至是几十倍。当您需要核对输入的内容或查看触摸屏上显示出的清单内容时,要注意,手指不要在距离屏幕 3 厘米以内的区域移动或指指点点或停留,以免触摸屏误把那些动作当成是您的"确认点击"。

借助中国工商银行自助设备补登活期存折时,应把存折翻开到需要打印的那一页。怎样确定需要打印哪一页了呢?中国工商银行的活期存折,每一账务记录页都要打印满十行,若翻错了页,设备就会在错误的页、正确的行的位置上打印。如此,会对我们查看账务记载造成不便,甚至无法查看。因此,当存折记录页已经打印到了最下边,需要我们判断是否应该翻页时,慎重起见我们可以数一数,靠近自己的这一页打印满十行了就翻页，否则哪怕只有一行的空位也不要翻页。同时注意保证需要打印的页面向上，印刷在页面上的"行数编号"在左边"补登存折机"深浅颜色的交界处，"查询缴费机"屏幕的下方都有一个小平台，平台远端的开口是"存折入口"，把翻好了页、定好了方向的存折沿水平方向，向前平推进"存折入口"，一旦推不动就不推了，然后注意听或看设备给出的提示，按提示去做就可以了。

22. POS机套现是怎么回事

使用POS机刷卡套现其实是一种使用信用卡套取现金的方法,是指持卡人通过商户或专门的机构将信用卡本身的信用卡额度内的金额全额刷卡刷出来,然后当即向您支付现款,当然商户提供套现服务需要收取1.5%~3%不等的手续费。POS机套现实质上是一种欺骗银行的行为,犯罪嫌疑人擅自将信用卡的消费信贷功能改变为现金贷款,使发卡机构无法判断持卡人的正常资信状况和信用卡资金用途。POS机套现已成为银行卡犯罪金额最高的一种犯罪形式并有逐年递增的趋势。

最早发现POS机具备套现功能的还是使用POS机的商户们。据家住汉阳的商户姜某介绍,做信用卡套现这个生意纯属偶然。姜某原本就在汉阳开了一家电器商店,也申请了一台POS机。"近两年来,陆续有朋友来店里借我的POS机进行套现操作。我发现这方面的需求越来越多,而且也没有什么投入,就增加了几台POS机开始干了。"姜某透露,他的店现在完全交给他妻子经营了,他的主要精力都投入到套现领域,一天到晚开着车为客户提供上门刷卡服务，生意好得不得了，多的时候每天要刷出30多万元。信用卡在POS机上刷卡原本是方便消费，而信用卡套现相当于在POS机上刷卡消费操作，但银行在不知情的情况下往往还鼓励多刷卡，因为每刷一次卡银行有0.4%的手续费收账。姜某表示，通过POS机套现，不仅不用支付利息，还能获得最长50多天的免息期。现在很多人都是把钱套出来，投入到余额宝等理财渠道，赚取更多的收益。

　　姜某也坦言这一行最怕监管。最近他的某客户的平安银行信用卡，刷卡就非常不顺利，超过5000元就刷卡失败。面对严格的监管，他们又琢磨出逃避的对策——组团刷。就是三五个人抱团，注册三个POS机互相刷，这样既能避开银行监管，操作也十分方便。姜某说，一般而言，无论是向银行还是向银联申请安装POS机，都必须提供营业执照、税务登记证、组织机构代码证、银行开户许可证以及法人的身份证等相关证件。不过，通过黑市只需要花3000元就能申请到POS机。

　　POS机刷卡套现的普遍，既有国内银行争相拓展信用卡业务，在程序上对风险控制方面不够重视的原因。而且部分银行的普卡，仅需提交身份证复印件和一张名片即可。又与POS机信用卡收费制度密切相关，目前大多数商业银行信用卡ATM取现额度是信用额度的一半，且要支付0.5%~3%不等的手续费及5‰的日息。而刷卡套现有免息期，对需大量现金又不愿负担利息的人来说，这种选择最划算不过。

从原理上讲，信用卡用户有最长 56 天的免息消费期，持卡人一旦套现，在这段免息期内既能使用银行贷款又不用支付利息。所以信用卡套现使得持卡人在获得现金的同时规避了银行高额的取现费用，相当于获得了一笔无息贷款，极具诱惑力。简单一点讲，信用卡套现，就是通过其他方式来支取信用卡额度内现金的行为。目前，信用卡套现的方式在不断翻新，网络上甚至出现许多网友交流套现心得的论坛和热贴，信用卡的信贷风险被进一步放大，加上不法商户和不法中介的参与，对正常的金融秩序造成了不良影响。信用卡套现使信用卡成为个人贷款的便利工具。从目前所报道的大量 POS 机刷卡套现案例来讲，主要的套现手段如下：

（1）非法中介或者商户使用 POS 机帮助持卡人套现。根据有关统计资料显示，进行刷卡服务的中介或者商户主要是众多的冠以科技有限公司或商贸有限公司的空壳公司。其主要业务就是提供刷卡套现服务。不法分子自己申请 POS 机或向别人租用 POS 机，当持卡人在 POS 机上刷卡后，这些商户当即将刷卡金额支付给持卡人，并按照套现金额 0.8%～2% 收取手续费，扣除向银行缴纳的刷卡费率，从中非法牟利。

（2）克隆 POS 机犯罪。犯罪嫌疑人以虚假身份证申请信用卡及 POS 机后，通过刷卡购物等手段取得商户 POS 机刷卡小票，利用上面反映的商户 POS 机信息，通过某种技术手段将犯罪嫌疑人自带的 POS 机内参数修改成和商户的信息一样。这种情况下，犯罪嫌疑人再对上次交易进行撤销或退货操作。

（3）利用时间差套现。不法分子利用 POS 机、银联与银行系统信息传递的几分钟时间差，进行套现。一般与卡主合谋，由卡主持现金到银行柜台存入账号，嫌疑人在同一时间其他地方用 POS 机刷卡将钱转出。而后在银行柜台的卡主以填错账号等理由拒绝签名，将钱取回或存入其他账号。由于 POS 机的刷卡交易信息，通常要延迟一两分钟之后才能从银联系统反馈到银行，因此一般不易被银行察觉。

（4）窃取信用卡信息。在现实生活中，人们常会到酒店、商场、超市等银行特约商户刷卡消费。而少数收银员利用这个时机，趁持卡人没有防范意识以方便持卡人为由将卡拿离现场，盗取客户的银行卡卡号和密码，然后勾结不法分子造出伪卡进行提款、消费。

（5）以卡"养"卡。个人刷卡套现最长可达 56 天的免息期限，非法套现的持卡人往往会申请许多银行的信用卡，由于信用卡取现要收取较高的费用，并且都有还款期限，因此就通过套现的方式以"此卡"养"彼卡"，即进行循环套现操作。把免息期套出来的现金用作急用，由于信用卡的最高提现额度可以达到 10 万元，因此可以缓解现金流的暂时短缺之急。

（6）翻倍套现。部分银行的信用卡有一个分期付款额度，消费分期付款使用的是信用卡的分期额度，而信用卡的可用额度不会减少，由此信用卡持卡人就可以用这些银行卡"消费双倍额度"：先分期付款一次，将信用卡额度内的分期额度用完，然后刷卡消费将可用额度消费完，这样就可以消费分期额度+信用卡额度内可用额度的金额了。再利用套现方式，就可以很容易套现出分期额度和信用卡卡内额度了，从而实现了信用卡翻倍套现！例如，某人的信用卡额度是1万元，分期额度是2万元，那么他就可以去指定的商场买3万元的东西出来，这样就实现了翻倍套现目标。

（7）空卡套现。部分银行信用卡的分期额度，与信用卡本身的额度没有太大的关系，并且这些分期额度可以单独用来购买东西，即便是信用卡内的信用额度用完的情况下，也能用这些分期额度来购买商品，即信用卡内的原额度用完的情况下，还能用分期额度支付，这样就实现了信用卡空卡购物，然后将购买的商品又打折卖给商家，这样就实现了信用卡空卡套现了。

（8）网络购物。虚假交易可以说是信用卡套现的最终本质。

案例：在淘宝经营着一家网络店铺的袁小姐对记者表示，利用网络支付，套现十分方便。据她介绍，网络套现的方式是交易双方事先计划好进行一场虚假交易，买家用有网络支付功能的信用卡向支付宝充值，然后购物付款，卖家则在款到之后申请提现，再将钱返还给买家。只要双方确定了交易，整个过程不需要任何手续费，而网站本身很难确定交易的真实性。而在正规的商场购物，如果使用银行卡（包括信用卡和借记卡）支付而发生退货，商场一律只能将退款返还至消费的银行卡，而不会退予现金。

（9）刷卡购机票套现。国内不少航空公司规定头等舱只要是在起飞前 24 小时退票，要全额现金退票，但不包含误机状态下改签过的头等舱机票。于是也就有人动起了航空公司的歪念头，如在当地的自建营业厅刷卡购票并出票，然后按照退票流程来操作即可轻松实现免费套现。

（10）购买手机充值卡套现。持卡人在手机运营商的营业厅刷卡购买充值卡，甚至通过营业厅绑定信用卡和手机卡卡号后即可划账给手机号码，以此先用信用卡为手机号码充值，然后带上身份证和手机卡去手机营业厅销号、退款即可。而运营商柜台的现金往往比信用卡的额度多得多。

POS 机刷卡套现的社会危害不能小视。持卡人勾联商户通过 POS 机刷卡消费来虚构不真实交易，使得信用卡套现行为游离在法律的框架之外，违反了国家关于金融业务特许经营的法律规定，背离了中国人民银行对现金管理的有关规定，为"洗钱"提供了便利条件，这无疑给我国整体金融秩序埋下了不稳定因素。另外，大量不良贷款的形成也将破坏社会的诚信环境，阻碍信用卡行业的健康发展。非法提现对发卡银行的伤害是巨大的。绝大多数的信用卡都是无担保的借贷工具，只要持卡人进行消费，银行就必须要承担还款风险。通常情况下，银行通过高额的透支利息或取现费用来防范透支风险。可是，信用卡套现的行为恰恰规避了银行所设定的高额取现费用，越过了银行的防范门槛。特别是一些贷款中介帮助持卡人伪造身份材料，不断提升信用卡额度，银行的正常业务受到巨大的干扰，也带来了巨大的风险隐患。大量的套现资金还使得持卡人获得了一笔笔无息无担保的个人贷款。而发卡银行根本无法鉴别这些资金的真实用途，信用卡的信用风险形态实际上已经演变为投资或投机的信用风险。一旦持卡人无法偿还套现金额，银行损失的不仅仅是贷款利息，还可能是一大笔的资产。

对于持卡人个人而言，表面上看是持卡人通过套现获得了现款，还节省了利息支出，但实质上，持卡人终究是需要还款的，如果持卡人不能按时还款，就必须负担比透支利息还要高的逾期还款利息，而且可能造成不良的信用记录，以后再向银行借贷资金就会非常困难，甚至还要承担个人信用缺失的法律风险。

中华人民共和国最高人民法院和最高人民检察院发布的《关于妨害信用卡管理刑事案件具体应用法律若干问题的解释》中第七条规定，违反国家规定，使用销售点终端机具等方法，以虚构交易、虚开价格、现金退货等方式向信用卡持卡人直接支付现金，情节严重的，应当依据刑法第二百二十五条的规定，以非法经营罪定罪处罚。

23.
注意个人不良信用记录

通常所说的不良记录或黑名单指的是银行对个人的信用的不良评价，该评价直接影响个人向银行进行贷款等业务。中国人民银行征信系统的个人信用信息基础数据库虽然具有很强的权威性，但实际上只是作为各家银行衡量持卡人信用的参考，各家商业银行对持卡人信用的具体评判并无统一标准。那么，银行对于个人信用的评价标准是怎样形成的呢？实际上，中国人民银行征信中心并没有对个人信用做出评价，更没有信用良好或不良之分，况且中国人民银行征信中心所做的只是记录而不是评判。目前所说的不良记录只是银行为了防止信贷风险而做出的判断，各商业银行对个人信用的评判标准是不同的。以下是某商业银行的信用不良记录标准，具有一定的普遍适用性，可供参考。

存在下列情形之一的，记入个人不良信用记录：（1）持卡人在中国人民银行个人征信系统或商业银行账户（包括住房贷款、汽车消费贷款、个人消费贷款、信用卡等）目前状态逾期,或最近12个月内出现过1次逾期90天以上的不良记录;(2)通过其他征信渠道获悉持卡人存在下列情况之一者:因违规用卡等行为被列入商业银行、同业金融机构、中国人民银行或征信机构不良客户信息库;存在作为被告的重大诉讼或仲裁及其他法律纠纷;有恶意骗取银行资金行为;正在服刑期间或最近7年内曾有过刑事犯罪记录;持卡人在人民银行征信系统最近12个月内曾经出现过逾期60天以上不良记录。

持卡人在一家银行形成的不良记录或黑名单会有两种途径被所有银行共享,一是各家银行直接共享信用记录;二是征信上报,即银行将客户信用卡恶意透支等信息上报征信局,形成征信系统的个人信用信息基础数据库后供所有银行参考。

银行不良记录可通过各商业银行客服电话进行查询,要查询征信系统信用报告可以携带本人有效身份证件到中国人民银行当地分支机构个人征信管理处,填写中国人民银行出具的相关查询申请,一般2~3个工作日查询结果就可以出来。递交申请时,工作人员会询问将信用报告邮寄到指定的地址还是本人亲自去拿,查询人可以根据自己的情况进行选择。查询可能会产生手续费。

如果是信用卡还贷等问题产生的银行不良记录,可立即向银行客服电话进行咨询,情节轻的只需说明并非恶意,一般银行可以消除记录。若情节严重或拖延时间过长,银行就可能已经上报个人征信系统(信用卡逾期进入不良记录一般为90天,超过90天就有可能被报送中国人民银行个人信用信息基础数

23. 注意个人不良信用记录

据库）。

按照中国人民银行关于征信系统的解释，银行因不良记录未予审查通过的发贷事项，申请人可以要求银行告知原因。如果银行没有告知，应咨询中国人民银行的征信主管机构，要求对个人的征信报告予以调查，更正错误数据，避免在以后涉及银行借贷业务时带来不便。

如果是银行失误造成的不良记录，可以和银行进行协商，银行可以向中国人民银行征信系统发出一个修改指令，系统可以把这项记录消除。如果银行能提供相关证明属于银行操作错误而对客户造成的不良信用记录，也可以由本人持相关证明到当地人民银行申请消除不良记录。

对提出异议的持卡人申请，中国人民银行分支机构征信管理部门的工作人员当日将异议申请通过网络送至征信中心。征信中心将完成异议信息的确认工作，如果确实存在异议信息，征信中心会在个人信用报告中对异议信息予以标注，并立即将异议信息发送到相关业务数据报送机构进行协查。异议信息经核查确实有错误的，有如下两种处理办法：一是业务数据报送机构向征信中心报送更正信息数据，征信中心在两个工作日内对异议信息进行更正；二是因技术原因数据暂时无法更正的，征信中心会对该异议信息做出有别于其他异议信息的特殊标注。异议信息经更正修改后，会通知个人领取异议回复函。

有很多信用卡持卡人表示，由于诸多原因，在信用卡还款日忘记还款，造成信用卡不良记录产生，这不仅影响个人信用，而且还影响以后向银行贷款需求。如果想消除信用卡不良记录，还有一种方式就是根据信用记录的刷新覆盖的制度来消除负面记录及其影响，由于信用卡记录基本只显示最近24个月记录，以往的记录难以查询，所以当出现了信用卡负面记录时，不必销卡，只要在接下来的两年中按时还款，不再出现新的不良记录，原有的负面信用记录就会被覆盖，重新形成良好的信用记录，这样就不会对信贷行为产生不良的影响。虽然银行一般较注重近两年的征信情况，但查询全部信用记录一样可以查到，持卡人多年前严重的逾行为，银行也会很在意。

目前在我国没有规定征信报告记录的保存期限，也就是说，持卡人的征信报告记录会一直留存，不会清除。如果征信记录确实出现错误，需要法院出据判决书，凭法院判决书可以到中国人民银行当地分支机构要求更正。至于逾期记录，除非逾期类别是正常逾期，否则信用卡发卡银行出具还款证明也是毫无意义的。征信报告的意义在于显示该人过往的信用状况，即使已还清欠款，也不能改变过去逾期的事实。向银行申请贷款时，银行会查询申请人全部的征信记录，不存在"看不到某笔不良记录"这回事。如果持卡人有逾期记录，建议一定不要还完信用卡的欠款就立即销户，因为这样逾期记录就一直保存在个人信用记录里了。最好的办法是在接下来的12~24个月内每月消费至少一定金额，并每月把欠款还清，以覆盖原来的逾期记录直至信用记录还原到正常状态。

正确使用信用卡，及时全额还贷，可以提高持卡人的信用记录和信用额度。真正要保持良好的信用在于平时的注意。即使出现了不良信用记录，持卡人也不要紧张，按照正确的方法去做就可以消除，不会影响到未来的信用贷款。假如持卡人平常忽略粗心忘却还款，一旦发觉过期后，一定要尽快还款，最好是全额还款。有些持卡人在上述情况下非但没有还款，还通过改换地址和手机号码等形式来"跑路"，那就会每月都发生一次过期未还款的记录，也就是每月会被记一次没有良好信誉的黑账。

24. 卡里的钱不翼而飞

案例：银行卡在手里，密码也没泄露，卡里的钱却无故被刷掉了1万余元。天津的王先生既郁闷又气愤，他判断肯定是有人复制了他的银行卡并进行了盗刷。而且那张卡是芯片卡，里面有近15000元，是王先生专门拿来还房贷和还信用卡的。据王先生回忆，2015年3月25日晚8点左右，他接到一个来自北京的电话，对方自称是某网络消费平台客服，详细地说出了王先生的姓名及银行卡末尾4位数字，并称他有两笔1000元的消费，提醒若不是本人操作，就输入身份证信息核实。王先生一听就觉得是诈骗电话。他偶尔网购都是选择货到付款，且对方所说的网络消费平台他并没有注册，因此没有理会对方。1个多小时后，王先生又接到了来自福建的电话。对方说她是另一网购平台的客服，表示王先生有一笔400元的消费，若不是本人操作，要输身份证信息核实。接连两次接到类似电话，王先生感到很诧异，但仍觉得是诈骗电话，还表示会报警。没想到对方听到后让王先生赶紧报警。王先生更疑惑了，他赶紧联系发卡银行客服挂失了银行卡并报了警。当晚查询手机银行，王先生发现自己卡里的钱被刷了11205元。王先生出示的消费记录显示，他的银行卡当天有21笔交易，多数为网络支付，最高一笔消费为5600元。白天在上班，晚上呆在家里，银行卡就在王先生的包内，密码也没泄露，卡里的钱到底去哪儿了？王先生回忆起一周前，他在ATM上往这张银行卡里存钱，这是他最近一次使用这张银行卡。难道是存钱时卡被偷拍后复制了？王先生赶紧联系了银行工作人员，对方表示，可能是他在手机上安装了不安全的软件所致，工作人员称将在一周后回复。

案例： 某银行株州分行曾陆续接到十余名储户反映，说自己信用卡上的钱无缘无故地消失了。夏某就是其中的一个。他银行卡账户内本来还剩下16000元，但当他再次去取钱的时候，银行工作人员告诉他账面上只剩98元。钱没了，而银行卡并没有遗失，密码也没有告诉过外人，这些储户唯一的共同点最近都曾在这家银行设在建设南路的自动取款机上取过款。在对这台自动柜员机进行监控的过程中警方注意到了一个奇怪的现象，一名男子多次在自动柜员机旁，捡拾储户取款以后丢弃的银行回单。不久，公安干警将犯罪嫌疑人当场抓捕。犯罪分子挑选了建设南路的这台自动柜员机作为目标，在购买作案工具后，为了弄到密码，他最初是在银行柜台旁用肉眼偷看，一段时间后他感觉风险太大，便买来了一个高倍望远镜，但效果仍不理想。后来经人介绍，他从广州弄到了一整套电视监控设备和手动放像机,开始运用高科技进行盗窃。在租下了柜员机对面的房间后,他便将电视监控设备安装好,对柜员机进行24小时全天候的监控,储户在自动柜员机上输入的银行卡密码尽收眼底。而后,只要将监控显示的时间与捡回的银行回单上的时间相对应,便可获得储户银行卡的完整资料。犯罪分子花2万元钱找人在几天内学会了制作仿真度极高的银行卡的技术,在购买了手提电脑、银行卡读写器等作案工具之后,用这些设备克隆出银行卡,并从取款机里盗出储户卡里的钱。犯罪分子先用假身份证去银行办了银联卡,然后就通过捡别人的银行回单和偷窥别人的密码来盗用别人的存款。为了减少自己的风险,还专门花高价雇人为他捡拾储户丢弃的银行回单。

不法分子在自动取款机上暗藏的陷阱还不止银行凭条。不少人在取款过程中,都遇到过吞卡的经历,大家的第一反应都是机器出了故障。但谁会想到,这也可能是不法分子做的手脚。

案例:2016年4月9日,当钟先生把银行卡插入取款机时,屏幕上显示系统维护,无法操作,钟先生的信用卡被卡在了机器里,这时一名穿着讲究的男子走了过来告诉他可以打取款机上贴着的客户服务电话请求帮助。钟先生就按照他的指点打了电话,对方告诉他重新输入一遍密码,之后仍然没有把卡取出。钟先生在电话中被告知卡已被挂失,明天去银行取就可以了。无奈的钟先生只得离开取款机回家。当钟先生第二天早上去银行取卡时,被银行告知并没有他的卡,而且卡里的钱已经全部被别人取走了。通过银行的监控录像，钟先生吃惊地发现就是那个帮他打银行客服电话的"好心人"把一个什么东西塞进了提款机的插卡口内，另一个人把印有银行客服电话的纸条贴在了提款机上。实际上这个电话号码是提款机对面公用电话的号码。当取款人把银行卡放入插卡口后，由于有障碍物阻挡，银行卡无法被识别，提款机的屏幕上才显示操作错误，而此时卡也被卡在插卡口内。就在此时，"好心人"及时出现并诱使事主相信贴在提款机上的号码是真的客服电话，并且让其拨打。而接下来的行动是他与对面电话亭里的人协作完成的。此时守候在银行提款机旁边的人已把事主的密码记录下来。等事主走远以后，犯罪分子便把提款机里的银行卡取出来，再把卡里的钱全部取走。

案例：王先生家住福州市区，他到单位附近的一个自动取款机取了200元钱，但是银行卡并没有从自动取款机退出来，王先生以为只是取款机的机器故障，并没有在意。谁知第二天到银行查询时才发现，银行卡内的1万元现金已经不翼而飞。王先生立即向辖区警方报了警。经警方询问和事主回忆，在提款机侧面有一个不寻常的"探头"对着按密码的键盘。原来，这个"探头"就是犯罪嫌疑人安放的一个微型摄像机，犯罪分子通过对自动取款机的入卡口安装一个吞卡的工具，当事主取完钱后，把银行卡滞留在提款机内，而安装在角落的摄像机也就记录了事主的密码。事主离开以后，犯罪分子就取出滞留在取款机具内的银行卡，并收回摄像机窥看密码，从而达到盗取卡内存款的目的。

案例：郝某一直期盼自己创业做老板，但缺乏本金的事却让她苦恼。一次，郝某无意中在上网时看到一则网络P2P小额贷款公司的广告，广告在网页醒目的位置写着"想创业、缺本钱，贷款无抵押无担保，马上放款！"郝某详细浏览了该网页，发现里头为不同客户提供了具体的融资方案。看完网站介绍后，郝某立刻按照网上留下的电话号码联系了该网贷公司。接电话的人自称姓李，是该公司的客户经理。当郝某跟李经理表明自己想要贷款30万元时，李经理回复说可以，不过得按公司有关规定走流程。公司的贷款业务虽然无需抵押和担保，但需要检验客户的还款能力以及在银行是否有不良信贷记录，所以需要郝某通过QQ提供本人照片、身份证等信息资料，并准备一张银行卡，卡里需有2万元现金，同时还得提供这张卡的正反面照片。听了对方的要求后，郝某没多想就答应下来。随后，李经理又提出，郝某提供的验资银行卡必须把预留给银行的联系电话号码，改为贷款公司指定的手机号码，以便公司实时了解账户里的资金变动情况。听到这里，郝某有些犹豫，不过想到银行卡在自己手里，密码也不曾透露给对方，应该不会有问题，也就按照对方要求，准备了一张有2.9万元存款的银行卡，并改掉了留给银行的手机号码。李经理通过QQ收到相关信息后，便称一旦通过审核，贷款资金会打入郝某提供的银行卡内。可郝某等了两天，没等来李经理承诺的所谓贷款，自己卡里原有的近3万元现金却不翼而飞了。郝某急忙跑去银行查询,才知道自己的卡在两天前绑定一个陌生的支付宝账号,之后通过快捷支付的方式,在网上购物消费。听到这个消息,郝某一时没了主张,只好在家人的陪伴下前往公安机关报案。

案例:银行卡始终带在身上,卡内的 2 万元钱却不见了,在东莞打工的李女士说起这事觉得挺郁闷。2016 年 11 月 3 日,李女士到当地一银行取款时发现卡内 2 万元不翼而飞。经银行工作人员查询,李女士的银行卡在 11 月 1 日分 3 次刷了 20000 元。银行卡一直带在身边,密码也只有自己知道,这是怎么回事?李女士向东莞属地派出所报了案。在派出所,李女士回想起了 10 月中旬发生的一桩怪事。一天,李女士在东莞一家超市门口看到一年轻男子在卖便宜大米,只要 18 元一袋。李女士掏出一张面额为 50 元的人民币,卖米男子称没有零钱可找,但表示有 POS 机可以刷卡。李女士觉得刷卡更为方便就掏出银行卡刷了一下。民警分析,极有可能就是这次刷卡,李女士的银行卡信息被复制了。当时李女士通过 POS 机刷卡消费时,男子通过银行卡复制器收集了银行卡的信息。同时在李女士输入密码时,对方也偷偷地记下了密码。最终,这名"盗刷"银行卡的犯罪嫌疑人因涉嫌信用卡诈骗罪,经东莞人民检察院审查被批准逮捕。

案例:荆先生在滁州定远县一家盐业公司上班,2016 年 6 月 20 日,正在上班的荆先生突然接到 4 条手机短信,内容显示其银行卡消费 4 笔,每笔 5000 元。荆先生通过查询得知,4

笔钱都是在江苏南京一家电器店支出。人在定远，卡在手中，钱是被谁支付的呢？于是，荆先生向定远县公安局报了案。经过一个多月的侦查，8月3日，犯罪嫌疑人满某被定远县公安局刑事拘留。满某走上犯罪的道路，源于一次手机充值的经历。满某的经历盗刷银行卡的第一步，便是获取他人的身份证信息和银行卡卡号。通过网络搜索"身份证号码"，满某便可以轻松获取大量身份证信息，包括对方的身份证号码、姓名、住址等信息。把这些信息复制下来后，满某便登录一家保险公司网站，如果此身份证号在该保险公司买过保险，输入身份证信息后便会显示出银行卡号。满某的盗刷银行第二步便是拨打银行的服务电话，根据语音提示输入银行卡卡号，为手机进行充值。密码有的是根据生日进行排列，有的是123456或者6个1这样的弱密码。一张卡有3次输入密码的机会，输错了就换下一个账号。满某供述。尽管带有一定的碰运气成份，但满某还是收获颇丰。2014年年末，满某有了进一步发现，可以通过盗刷银行卡进行网上购物或信用卡还款。满某的第一步还是通过网络获取他人的身份证信息和银行卡卡号，第二步同样是拨打银行的服务电话，与以往不同的是，满某根据语音提示申请银行卡挂失，当要求输入密码时，便用生日、123456等"弱密码"进行轮番尝试。如破译出密码，满某便使用被害人的身份证信息、银行卡卡号、密码等，在银行的网站注册开通网银。网页上就会显示留下手机号码。最后通过一些软件将银行卡与手机绑定，便可进行网上购物、还信用卡。通过盗刷银行卡，满某购买了手机、手表、黄金和笔记本电脑。涉案金额13万余元。

案例：小曹因资金周转问题想办理一张大额度的信用卡，但从银行办理大额信用卡需提供有还款能力的证明材料。2016年5月，网上一个代办信用卡的帖子让小曹眼前一亮。帖子上说，办理一张20万元人民币额度的信用卡只收取2000元手续费，申请人只需提供个人身份证复印件一份，在当地指定银行办理一张普通的银行卡就可以了。小曹便联系了发帖人，对方称他们是通过银行内部人士办理，具体的办理方法不便透露，2000元手续费办好卡后再付。只需按要求办理该银行的普通银行卡并存上10%的验证资金。一开始小曹还心存疑虑，但发帖者说银行卡的密码由小曹自己设置，他们只需要卡号和身份证信息，这让小曹打消了顾虑。小曹按要求办理了相关手续。两天后，发帖人电话告知小曹，需要他将银行卡的联系方式改成对方的手机号码才能操作，小曹照办了。又过了一段时间，发帖人再次打来电话，说20万元信用额度的信用卡没有了，只有30万元额度的，要想办，还需再往银行卡里存1万元。此时，小曹才意识到被骗了，立即赶到银行查询，卡里的钱已不翼而飞。实施诈骗的刘某，是湖南省双峰县的一个农民。刘某成功诈骗小曹的关键在于银行卡预留的手机号码。小曹将银行卡的联系电话改成刘某提供的手机号码后，刘某凭借小曹提供的银行卡卡号和自己的手机回复了验证信息，开通了快捷支付；然后他用小曹的身份证注册了支付宝，用支付宝进行"交易",通过这种手段把小曹卡里的钱转到自己的银行卡里,最后通过 ATM 把钱取出来。

案例:张先生做家具定制生意,近几年生意越做越大,也学着别人开了一家网店。某一天,有个买家通过网店聊天工具说家里要装修定制家具。这个买家说,他手机流量有限发不了那么多图,于是让张先生扫描一个二维码,下载后可以看到他想要的家具的图片和尺寸。张先生认为,现在流行扫二维码,他之前也扫描过,很方便,就拿手机扫了一下。但是扫描后,什么都没看到。后来张先生又和买家沟通,买家说先付些订金,并向张先生要了姓名、身份证号码、银行卡卡号、手机号码等信息,说晚上回到家再汇款。晚上,张先生登录网银,看看买家的订金到账没有,却震惊地发现银行卡内少了几万元。张先生马上意识到自己被盗了,赶紧冻结了银行卡并向警方报案。

安全提示,千万不要轻易向他人泄露个人的姓名、居民身份证号码、手机号码、银行卡卡号等重要信息;使用安全的二维码扫描工具,不要随意扫描非官方的二维码或安装不明手机程序;安装手机安全管理软件,保证手机安全。若持卡人已经遇到此类情况,请在第一时间冻结银行卡,保证资金安全,并及时向警方报案寻求帮助。

25.
麻烦的验证服务

信用卡安全码,是信用卡在进行网上交易或电话交易时的一个安全代码。它通常是印刷在信用卡上面的 3~4 位数字,不同类别的信用卡印刷位置会有所不同。它通常被用于证实付款人在交易时是拥有该信用卡的,从而防止信用卡欺诈。目前使用安全码支付的基本都是国际信用卡组织发放的 VISA 或 Master 信用卡。但在国内部分商业银行提供的网上银行或电话银行交易结算中也开始要求验证银联信用卡的安全码。特别是网上交易和信用卡销户。国内一些大牌购物网站或国际化的软件中心在认购商品或程序时的支付方式也向国际看齐,并以信用卡的安全码和有效期作为重要的验证手段。不少航空网站在用信用卡认购机票时也需要填写信用卡有效期和安全码才能成功购票。信用卡安全码的生成方法是银行将卡片账号、有效期、服务代码提取出来,排列后再经过一系列复杂的算法算出来的。这组数字在生成之后,就只有发卡银行和银行卡的持卡人知道该数字是多少。

银联（UnionPay）卡的安全码叫作 CVN2（Card Validation Number 2），由 3 位数字组成，平印在信用卡背面签名栏上卡号后 4 位之后。

VISA 卡的安全码叫作 CVV2（Card Verification Value 2），由 3 位数字组成，平印在信用卡背面签名栏上卡号后 4 位处。

万事达（MasterCard）卡的安全码叫作 CVC2（Card Validation Code 2），由 3 位数字组成，平印在信用卡背面签名栏上卡号后 4 位处。

发现卡（Discover Card）的安全码叫作 Card member ID，由 3 位数字组成，平印在信用卡背面签名栏上。

美国运通（American Express）卡的安全码叫作 CID（Card Identification Number），由 4 位数字组成，平印在信用卡正面信用卡卡号上方。

JCB 卡（Japan Credit Bureau）的安全码叫作 CAV2（Card Authentication Value 2），由 3 位数字组成，平印在信用卡背面签名栏上卡号后 4 位处。

信用卡安全码就相当于信用卡的身份证，我们可以凭此码进行消费交易。通常在境外网站购物是不需要密码的，只要买方提供账号和安全码即可完成交易，而在国内也有商家与银行签约，可无需信用卡密码，仅凭安全码就可完成电话划账。所以提示持卡人一定要保管好自己的信用卡，消费时不要让信用卡离开自己的视线，以避免他人记住信用卡的账号及安全码。

CVV 密码校验是指商业银行在其使用的银行卡卡号编码

规则和磁条数据格式中加入自定义算法的验证码，相关银行卡也就被称为 CVN 银行卡。CVV 信息被存储在磁条银行卡的磁道中，根据卡号、磁道主账号、发卡银行标志代码等信息，通过各银行自定义的特殊加密算法进行加密，每步都采用 CVKA 技术加密，得到验证码。由于不同银行的加密算法有差异，因此，利用获得的银行卡信息非法制作的部分假卡在发卡行解密时能够被识别而无法使用。

信用卡安全码和 CVV 密码一样，都是同样算法得出的卡片验证值，只不过是在卡片生成的时候，CVV 代码写进了磁条里，而信用卡安全码写在了卡身上。CVV 代码在联机交易（刷卡）的时候核对，信用卡安全码则更多地在非现场交易或无卡交易时核对。

VISA 验证服务是一项持卡人身份识别验证服务，简称 VBV。在进行网上交易时，VISA 验证服务会提示持卡人输入个人身份识别密码以进行身份认证，如同持卡人在商户刷卡提供密码或签名一样。其简便易行的特点使持卡人在线支付过程中确保了身份的真实性，从而进一步保障网上交易的支付安全。VISA 验证服务最大的吸引力在于它可以令所有在支付链上的关联人士受惠，因为这项服务将提高消费者对网上购物的信心，为那些抗拒网上购物的消费者提供具有安全保障的支付平台。VISA 验证服务采用的是全球互通付款的 3D 安全技术，持卡人需先完成简单的注册手续，取得个人密码之后，在所有参与 VISA 验证服务的网络特约商户处购物时，计算机系统便会主动要求输入该持卡人密码，如核对密码无误，发卡银行才会授权进行在线交易，过程仅需几秒钟。与此同时，持卡人个人数据在传输过程中，也将受到严密的保护，有效遏止信用卡在网络被盗刷的风险，对持卡人、特约商户及发卡银行来说，都是皆大欢喜的事情。

MasterCard Secure Code 与 VISA 验证服务类似，简称 Secure Code。当持卡人开通 Secure Code 服务时，经过必要的身份验证后，可自行设定特殊的个人信息和专用于 Secure Code 服务的验证密码；这些个人信息用来确认购物网站的合法性，避免持卡人误入恶意网站伪造的交易画面，骗取信用卡信息。验证密码服务仅适用于支持 Secure Code 服务的网上支付交易。忘记验证密码请登录网上银行重新设置或致电卡片背面所示客服热线咨询。若持卡人交易时验证密码输错3次以上，该服务将会被锁定，持卡人将无法使用信用卡交易，此时持卡人可致电卡片背面所示客服热线解除锁定。

申请 VISA 或 MasterCard 验证服务的过程非常便捷，只需要登录发卡银行的网上银行相关业务界面的注册网页，设定一组"VISA 验证"或者"MasterCard 验证"服务密码并启动服务即可。启动该服务后，在持卡人与"VISA 验证"服务或者"MasterCard 验证"服务的特约商户进行网上交易时，将自动受此服务的保护；购物后正确输入持卡人个人交易密码，VISA 卡或者 MasterCard 卡的发卡银行对密码完成验证即可完成相关交易手续。目前提供 VISA 或 MasterCard 验证服务的国内银行主要有中国工商银行、中国建设银行、中国银行、中国农业银行、交通银行、招商银行、光大银行、民生银行、中信银行和兴业银行等商业银行。

图 10　VISA、MasterCard 卡组织密码验证标识

持卡人使用信用卡进行境外网上支付时，可在带有"VERIFIED by VISA"、"MasterCard Secure Code"标识的特约商户网站购物结算（如图 10 所示）；持卡人选定商品后，进入支付页面，选择 VISA 卡或 MasterCard 卡进行网上支付；按照网页提示输入信用卡相关信息；信息通过验证后，浏览器将支付界面引导至发卡银行网上支付验证服务页面；持卡人确认网页显示的个性化提示语与注册时自行设置的是否一致。如不一致，该商户可能是未经授权或伪冒的钓鱼网站，持卡人应终止网上支付；如核对个性化提示语无误，持卡人就可以输入网上支付密码、卡片有效期、卡片背面 3 位验证码，同时使用发卡银行提供的 U 盾或类似保护器点击确定，当弹出个人网银证书对话框时，持卡人选择证书并输入证书密码；信息输入后

通过验证，网站提示支付成功，购物交易即为完成。而后，持卡人可能会收到信用卡交易短信通知。

验证服务仅适用于部分国内银行发行的 VISA 或 MasterCard 双币信用卡；持卡人须妥善保管网上支付密码及个性化提示语；个性化提示语用于验证购物网站是否为经过银行授权的网站，以避免持卡人在伪冒网站上输入信用卡资料而造成资料泄露；如果持卡人忘记网上支付密码，可以登录验证服务系统，通过填写密码提示问题找回密码，或重新注册。

26. 芯片卡并非绝对安全卡

目前国内银行所发行的信用卡和借记卡,大部分还是磁条卡。传统银行卡的磁条技术相对简单,磁条信息易被复制,通过使用磁条信息盗录装置复制银行卡磁条信息,再通过针孔摄像机在自助机终端上偷录持卡人密码就可伪造出相同功能的磁条银行卡,从而盗刷持卡人的卡内金额。最近几年,持卡人卡不离手,却被盗刷的事件屡见不鲜。

银行芯片卡也称作金融IC卡,是以芯片作为介质的银行卡。它在卡片正面嵌入了一小块金色的智能芯片。这块芯片实现了硬件升级,具有完善的密钥体系、脱机认证、联机双向认证。与传统的磁条卡相比,芯片卡提高了卡片的防伪性及交易的安全性。银行芯片卡的好处在于其安全性,通过芯存储密钥、数字证书、指纹等信息,可大大降低伪卡欺诈率。通俗地讲,芯片卡的芯片里嵌入了一个证书,每个交易都要通过这个证书才能完成,大大提高了卡被复制、盗刷的难度,从而提高持卡人的用卡安全。同时,芯片卡的序列号是唯一的,制造厂家在产品出厂前已将此序列号固化，不可再更改。芯片卡与读写器之间采用双向验证机制，即读写器验证IC卡的合法性，同时IC卡也验证读写器的合法性。芯片卡在处理前要与读写器进行3次相互认证，而且在通讯过程中所有的数据都加密。芯片卡中各个扇区都有自己的操作密码和访问条件，即使某个扇区出现密码泄露的问题，其他扇区的数据安全仍然是有保证的。

　　从制作工艺和使用特征来看，芯片卡与读写器之间无机械接触，避免了接触读写而产生的粗暴插卡、非卡外物插入、灰尘或油污导致接触不良而造成的设备故障。芯片卡表面无裸露的芯片，无须担心芯片脱落、静电击穿、弯曲损坏问题，便于卡片的印刷，提高了卡片的制作精度。

　　芯片卡最大的优势就是不能被复制。芯片卡技术含量高、难以被模仿和复制的特质，彻底颠覆了传统磁条卡安全系数低、扩展性差的劣势。高度的安全性使芯片卡具有"三能"：能够有效防止复制卡片，能够支持脱机交易方式，能够支持安全脱机PIN校验。在外观上面，芯片卡比普通卡更具时尚特征，不久的将来还可以将其制作成钥匙扣、SIM、TF、USBKEY不同形状，并可以装在手机等网络终端中使用。芯片卡除了具备结算、投资理财以及各种日常金融服务外，还具有综合账户、一卡多能和全面整合电子银行服务的功能。

　　目前境外很多国家都已经全面使用芯片卡，而我国目前银行发行最多的基本是磁条芯片复合卡，纯粹的芯片卡数量并不多。持卡人使用的是磁条芯片复合卡时，必须先使用芯片途径刷卡，若机具不支持，再考虑使用磁条刷卡。2017 年 5 月 1 日后，银行将全面关闭芯片磁条复合卡的磁条交易。

图 11　银联闪付标识

芯片卡最时尚的应用莫过于提供的非接触式支付业务。

以银联闪付为例，银联闪付业务（Quick Pass）是一种新兴的支付方式，它具备小额快速支付的特点，特别适合年轻时尚一族的支付习惯。"闪付"是芯片卡特有的功能。持卡人只需将卡片与 POS 机指定部位隔空接触就可以进行交易，实现快速支付。由于不需要凭密码交易，也就无需持卡人签字确认。其实，为持卡人提供闪付功能的是芯片卡中的电子现金账户，在银行柜面及自助终端设备上，持卡人可将信用卡额度内的一部分圈存进入该账户，出于安全性考虑，一般限额为 1000 元。目前支持"闪付"功能的商户多为超市、便利店、百货、快餐连锁等零售场所。但从适用领域看并没有具体的限制，打考勤、加油、交水电费、交物管费等等，这些服务都可以用芯片卡实现，还可以根据需要随时改变服务内容，芯片卡强大的扩展性和多应用性，能够支持金融应用和行业应用。行业应用指的是利用芯片介质的多应用性，由发卡银行单独或者与其他合作机构联合开发的为持卡人提供的非金融服务功能，即可以同时支持多个不同行业的应用，做到一卡通天下；可以根据需要随时增减应用；不同行业的应用在卡片中独立存在，互不干扰。如银医一卡通、校园一卡通、社保联名卡、公积金联名卡。

闪付功能的开通和使用过程大体如下：首先，需要到银行办理一张带有闪付功能的信用卡。闪付（Quick Pass）的标识（如图 11 所示）一般在卡片的右上角。想要通过闪付方式支付，必须先进行圈存操作，即把账户金额存入虚拟的电子钱包。圈存的渠道有：去银行柜面办理、找自助圈存机、使用银联迷你付在家进行圈存。然后，在支持闪付功能的商家，通过闪付方式支付，即不用刷卡，直接通过商家输入消费金额，扣除电子钱包中的余额，完全不需要进行输入密码和签字的传统方式结账。

VISA 组织推出的 Visa payWave 同样是一种方便快捷的非接触式支付方式，其应用是基于安全的 EMV 芯片技术。Visa payWave 还支持异型卡和非卡片形式的设备，如手机、钥匙扣以及其他个人电子设备。支持 Visa payWave 的银行卡会在芯片周围加入一圈天线。付款时，持卡人无须刷卡或者插卡，小额交易甚至无须签字或输入密码，只需将卡轻松一挥，几秒钟就可完成支付。Visa payWave 还能将智能手机变为支付工具，只

26. 芯片卡并非绝对安全卡　169

要是使用者的手机安装有开卡银行提供的支持 Visa payWave 支付的安卓手机应用软件，使用者只需在感应器前简单挥动智能手机便可完成交易。在兼容性方面，Visa payWave 与全球及亚太地区的银行采用的全球 EMV 智能卡规范完全兼容。卡片和读卡器之间使用 ISO 14443 标准接口，可以支持近距离通信（NFC）以支持手机或 PDA 之类的个人电子设备。VISA 非接触支付终端或读卡器无需做任何更改即可接受拥有 VISA 非接触功能的手机进行付款。

MasterCard 组织也有 paypass 这种类似的方便快捷的非接触式支付方式，该应用也是基于安全的 EMV 芯片技术，并且支持圈存和圈提。

但持卡人在使用芯片卡带来的诸多便利的同时，也要清醒的认识到迟早有一日它要暴露出安全问题。微软操作系统的发展过程证明了一个道理：再强大的操作系统同样会被人找到漏洞。芯片卡并非绝对安全。

案例： 2014 年 6 月，家住福州市区的李先生反映其两年前在福州一家银行办了一张芯片储蓄卡。银行工作人员告知芯片卡与传统磁条卡不同，安全性更高。但没想到，芯片卡如今也遇险。原来，6 月 4 日下午，他到银行存了 4 万元，当天夜里 11 点多的时候，突然收到刷卡信息，第一笔是 1 万元，紧接着第二笔、第三笔……短短数分钟之内,李先生卡内的4万元钱就全部被转走了,只剩下了一个零头。而当时,储蓄卡正在他的身上。李先生赶紧报了警并在6月5日来到该银行开户网点,希望银行能够解释原因,并将被盗刷的钱退还给他。但银行方面声明,如果要求赔偿,李先生只能起诉银行。为何声称非常安全的芯片卡也会被盗刷哪?银行专业人员表示,芯片卡分为纯芯片卡和磁条芯片复合卡两种。如果被盗刷,很可能是磁条芯片复合卡出了问题,这种卡还是有磁条卡的特性的,安全性不如纯芯片卡。目前被盗刷的情况有多种,需要具体情况具体分析,但具体问题出在哪里,还需要警方的调查。如果持卡人要求赔偿,确实需要走法律途径,然后根据法院的判决,进行具体的赔偿。

27.
住酒店等需要预授权的各种交易

信用卡预授权是指发卡机构或其代理机构在特约商户扣款前，确认许可冻结额度的交易。简单讲，信用卡预授权就是商户在持卡人消费前先冻结一部分资金，在消费完以后持卡人签字，商户才能正式扣掉这部分资金。比如持卡人去住酒店，先告诉酒店要住几天，酒店会把住宿所需的费用从持卡人的信用卡里冻结，在持卡人结账离开酒店的时候确认消费金额，酒店再使用持卡人的卡片做预授权完成，这样酒店就可以从持卡人的卡里把实际消费金额扣除，收到这部分款项了。预授权操作为了保证持卡人的信用卡里面的钱足够当前消费使用。预授权会占用卡片的信用额度，当客户对预授权进行结算时，该预授权将会被取消。预授权发生30天内，若客户没有进行结算，则该预授权将会被取消。

预授权的好处在于可以尽量避免"跑单"现象的出现。如果客人做完预授权后没有买单就离开酒店，酒店可以向银联提出预授权完成的申请并提供客人消费单据和预授权单据。这样银联就可以从"跑单"客人的卡里把钱划入酒店账户。

信用卡预授权是一种新型的交易方式。通俗来讲，就是一种预付款方式，也可以理解为一种"押金"。当消费者持信用卡订酒店或订机票时，银行会先冻结信用卡里一部分资金，作为商户消费的"押金"，在完成消费后，经持卡人签字确认即预授权确认，商户才能正式扣掉这部分资金。

持卡人使用预授权时应注意：预授权额度一般不得超过卡片可用额度的上限，即如果持卡人的可用额度只有2000元，而酒店需要的押金是2100元，也是不能使用预授权的，哪怕最后实际消费只有1900元；同时，在未做预授权完成确认交易时，商户无法向银行请款，因此不会产生手续费用和利息。

案例：假期旅游期间，小黄使用自己的信用卡入住酒店时，使用了3000元额度进行信用卡预授权，离开酒店时已经结算，但是直到后来他才发现，信用卡的信用额度并没有恢复。而额度没有恢复的原因，正是小黄在使用信用卡预授权结算后没有及时取消所致。使用信用卡预授权功能虽然方便，但像小黄一样，很多网友却忽略了信用卡预授权会占用信用额度，应在结算后及时取消的问题。建议大家在结账时一定要记得要求商户直接取消预授权。只有这样，信用额度才能立即恢复，最好的办法是拨打发卡银行客服电话进行查询核实。若持卡人如小黄一样没有及时取消预授权，银行一般会在1个月后自动取消被冻结的额度。也就是说在这1个月的时间里，持卡人的信用卡相当于被降额了。

27. 住酒店等需要预授权的各种交易

孙小姐是个经常接触"预授权"的"空中飞人",在入住酒店时先将信用卡给前台刷一下,然后签字登记入住,退房的时候再刷卡取消授权或进行付款对孙小姐来说早已不是什么新鲜事。但对于这项先刷卡后付款的业务,孙小姐心中仍有不少一知半解的疑问。同事问她使用预授权刷卡后再用现金支付房款会不会造成重复消费的问题她就不知道怎么回答?其实,酒店要求预授权的金额通常是所有房费金额,酒店多会在顾客退房时进行"预授权完成"交易,从预授权额度里,扣除实际消费金额,此时刷卡的金额,才是真正向酒店支付的费用,酒店在此时也才真正收到这部分款项。但如果持卡人最终以现金结算全部房费,则一定要记得要求酒店取消此前的相关预授权。

通常来说,即便是不主动进行预授权撤销,银行也会在一定期限后自动取消预授权,预授权不等于直接支付。但需要指出的是,预授权交易的风险相比直接刷卡消费的风险而言其实并无二致。比如,在酒店或机票代理点因房间或机票紧张而要求持卡人做信用卡担保后,如果客户需要取消订单,但没有在商户规定的时间之前进行处理,则商户仍可按照约定按相应比例的房费或机票票款划走款项,而银行也不会进行拒付。同时,在客人退宿但酒店本身还没有为其撤销预授权的情况下,也不能排除商户事后以发现物损等理由从冻结额度中进行扣款。因而为了避免产生不必要的损失或纠纷,建议持卡人日常主动留意预授权的发生及撤销问题。在有意取消预订时,务必在规定期限内请求酒店或代理机构办理预授权撤销手续，并索要注销号码，作为取消凭证。在完成退房、退租等手续后，持卡人也应有意识地主动要求或确认相关商户立即撤销预授权，在快速恢复额度的同时消除后续可能发生的风险及损失。在收到对账单时，持卡人也应认真进行核对。发现问题或有异议，立即与发卡银行客服热线取得联系，申请调单核对。

信用卡可以进行预授权交易已经不是秘密，但许多人可能不了解，部分借记卡也同样支持预授权业务。目前除中国银行借记卡暂不支持预授权业务外，中国工商银行、中国建设银行和中国农业银行等不少银行的借记卡均可支持预授权业务，持卡人可在需要时持借记卡进行预授权交易。尽管如此，但由于商户的认知及操作不熟练等原因，有部分商户对持借记卡进行预授权并不认可，信用卡预授权仍是目前接受度更高的预授权交易方式。

案例： 天津消费者徐先生2014年1月28日在某酒店官网上预订了两个酒店房间，并支付了763.14元的全款。入住时，酒店前台也确认他已支付过房费，并没有要求需要办理信用卡的预授权的担保，或者现金的住宿担保，只提示他缴纳300元押金即可入住。但由于徐先生当晚只开了一间房。徐先生在2月22日办理离店手续时，酒店前台确认他们付齐房费且也没有其他的消费事项后，把300元钱的押金退给了他们。然而结账离店一天后，徐先生偶然查看账单时，惊讶地发现，酒店在2月22日"悄无声息"的又重复收取了一次房费。"我已经付清了这间房费，而且我们实际上只开了一间房子却付了两间房，还是多付，这种情况下，酒店还能够再扣我的钱，而且是在不打招呼的情况下私自扣划，我觉得酒店是恶意的"。徐先生感到非常气愤地说。酒店的徐经理说酒店有内部管理流程，需要至少7个工作日之后才能退款。原来，徐先生在该酒店预订官网上预订房间时，留下过信用卡信息，酒店可以在客人不出示信用卡的情况下，从卡上扣除房费的规定徐先生并不知道。而且现在很多国内的卡也是不用再输入密码的。这个案例虽然属于酒店前台操作错误造成，但却提示广大持卡人，离开酒店时，须认真核对账单金额和预授权撤销记录。

28. 银行卡快捷支付的使用

在网上进行支付除了支付宝、网银，很多人会选择银行卡的快捷支付，便利的支付方式让很多人对于这种形式相当的青睐，但是也有很多人对于银行卡快捷支付方式有一定的疑惑。银行卡的快捷方式是否安全？怎样开通银行卡快捷支付？怎样关闭银行卡快捷支付？其实，不管哪种付款方式都会存在一定的风险，银行卡快捷支付方式的风险和登录个人网上银行付款的风险一样，只要用户保管好自己的支付密码、登录名、手机号码，别打开陌生链接，就能保证安全使用。况且当用户的快捷支付达到一定额度或是支付宝检测可能存在风险时，会主动向用户发送手机短信进行校验服务。

网上购物并不必须开通网银，银行卡也不必须开通网上银行。网购支付时只要绑定银行卡，并开通快捷支付，一样可以支付交易。

银行卡快捷支付若是在网购支付过程中进行开通，则须持卡人付款时，选择"信用卡"或"储蓄卡"选项，并在快捷支付中选择需要开通快捷支付功能的银行,点击"下一步";然后,按照页面提示填写相关信息,并选择"开通快捷支付"选项,再选择"同意协议并付款"后就可完成快捷支付开通了。登录支付宝账号,选择"账户设置"按钮,在账户设置里边找到"支付方式",点击"支付方式"后,里边会有"快捷支付"、"余额支付"、"短信支付"选项,在快捷支付选项处点击"添加银行卡"。快捷支付绑定银行卡无需开通网银。选择银行卡类型中的"借记卡类型"并点击"下一步"按钮;填写银行卡卡号和绑定该银行卡的手机号码,完成支付宝实名认证。随后手机会收到短信校验码,确认后点击"确认"即绑定成功。绑定成功后即可使用快捷支付功能了,不需要网银也可以购物,当然建议添加安全保护,使得支付宝钱包更加安全可靠。个人账号绑定手机号码和手机支付宝的手机宝令,每次都需要手机宝令和手机短信的校验码,这样就足够安全了。

  当然,持卡人也可以登录发卡银行网上银行开通银行卡快捷支付。目前在中国工商银行支持办理快捷支付的银行卡种类有:理财金账户、灵通卡、E时代卡、准贷记卡、贷记卡。持卡人需持有中国工商银行U盾或者动态口令卡才能从中国工商银行网上银行注册使用。开通支付宝快捷支付的具体操作步骤是:登录中国工商银行网上银行,点击"个人网上银行登录"界面;输入卡号或用户名、登录密码及验证码,点击"登录"按钮;在弹出的页面中点击"缴费站"后,再点击"委托代扣"选项,点击"签订委托代扣"按钮,同时在企业所在地区选择栏选择所在城市或省的名称，点击"查询"按钮后，找到"支付宝（中国）网络技术有限公司客户备付金"页面，点击"签订"按钮后，确定协议有效。而后点击"已阅读并接受"按钮。核对用户名信息并注意协议终止日期不是必填项，不填则表示永久有效，如果输入了该日期，到时协议到期就无法支付，需要再与联系中国工商银行客服处理。确认无误后，点击"确认"按钮，而后输入U盾密码并点击"确认"按钮，并核对签名信息。完成以上操作后重新登录支付宝，在快捷支付（含卡通）频道中找到需要激活的中国工商银行卡通，根据页面提示输入姓名、身份证号、签约银行卡卡号及支付宝账户的支付密码，完成激活。

北京农商银行快捷支付开通的步骤如下：点击门户主页上的"北京农商银行快捷支付"按钮，进入阅读并同意签订协议，点击"已阅读并接受"；北京农商银行快捷支付页面如下：选择卡用户或者存折用户，依次输入卡（账）号、身份证件号码、姓名、手机号码、验证码，点击"下一步"。卡（账）号为北京农商银行的银行卡卡号或者存折账号；输入注册信息包括：支付账户名、预留信息、单笔或当日累计支付限额、交易密码；点击"下一步"，在弹出的支付账户名页面中输入支付账户名（由4~20位区分大小写的英文与数字组合而成，不能为纯数字）。支付账户名可以用来代替卡（账）号进行查询、支付、设置等操作；预留信息可以为任何字符，最长为50字符长（即25个汉字）；输入预留信息的作用是在客户做查询、支付等操作时于页面显示，帮助客户识别钓鱼网站。设置单笔或当日累计支付限额，信用卡单笔最高为5000元。输入"账户取款密码"和获取的"短信动态码"，点击"提交"。交易密码是北京农商银行银行卡或存折的取款密码。使用快捷支付时，北京农商银行会将短信动态码发送至注册时预留的手机，供持卡人确认支付使用。

当持卡人不想继续使用快捷支付的时候，可通过以下操作关闭快捷支付功能。（1）若选择登录支付宝后进行关闭快捷支付的，在导航条选择"账户资产"，"资产总览"处的"账户通"，找到需要关闭快捷服务的银行卡；选定要关闭的快捷支付的银行卡，点击"管理"，进入"银行卡详情"界面；关闭快捷支付时，点击"删除"按钮；点击跳出来的提示中的"确定"按钮，在密码输入对话框，再次输入支付密码，然后点击"确认"，跳出"成功删除……"的提示，关闭快捷支付完成。（2）若通过登录相关发卡银行网上银行关闭快捷支付方式的，如中国工商银行登录中国工商银行网上银行，点击"缴费站"—"委托代扣"—"我的委托代扣"—"终止"；如开卡银行属于邮储银行的，登录邮储个人网银，点击"申请开办"—"网上支付通"—"签约撤办"；如开卡银行属于中信银行的，登录中信银行网上银行，点击"转账支付"—"卡通支付"，点击"撤销签约"；如开卡银行属于光大银行的，登录光大银行个人网上银行，选择"缴费支付"—"电子支付"—"支付签约管理"，根据账号选择点击"协议支付"列的"开通/关闭请按此键"操作;如开卡银行属于华夏银行的,登录华夏银行网上银行,在"客户中心"项下选择"支付宝卡通"—"支付宝网上自助解约",并在阅读同意相关风险提示后点击"继续解约";如开卡银行属于中国银行的,登录中国银行网上银行,选择"电子支付"—"协议支付"—"签约关系查询",点击"解约"按钮。以上银行除中国银行外,其他银行柜台签约客户需到银行柜台办理撤销手续。

快捷支付在使用中的最大安全保障就是用银行卡的密码必须妥善保管,否则后患无穷。网购达人小林说起丢失的2000元钱觉得很有些不可思议:自己网购10年了,从来没出过问题,这回银行卡里的钱怎么就莫名其妙被盗了呢?1月6日晚,她在网上拍了一条标价1000多元的裙子,用支付宝快捷支付付款时,却发现输入支付密码怎么都不对。她以为是电脑刚做完系统,有些小毛病就没有在意。随后,她在电脑上修改了支付宝的支付密码。不一会儿,小林的手机收到了一条验证码短信,可由于当时太晚了,小林睡着了。第二天上午看到短信后,她觉得不对劲,赶紧上网查看支付宝余额和网银,发现网银里的钱通过快捷支付被转走了8笔,7笔199元,1笔190元,支付宝内的200多元余额也一起不见了。小林赶紧打电话挂失银行卡,就在打电话的过程中,又有两笔转账发生,一共被划走200元。小林很少在支付宝账户里存钱,当天支付宝账户里的钱也不多,就200多元。平时付款,她都选择支付宝的快捷支付（含卡通）服务，只有第一次使用支付宝快捷支付时，需要通过银行卡资料验证和手机动态验证码。之后再次购物时，只要输入支付宝支付密码，绑定银行卡的快捷支付便可以直接付款。谈起被盗刷的遭遇，小林的支付密码至少被盗了两次！当小林第一次发现支付密码提示错误时，证明支付密码已经被盗。但她当时没想到快捷支付会出问题，这时被人划走了 8 笔款。等改完密码，第二天在小林挂失银行卡的过程中，又被盗走两笔款，说明支付密码再次被盗。挂失银行卡后，小林立即报了案。但对于追回损失，警方认为可能性很小。如果要查询钱的去向，必须得到淘宝网所在地杭州查询，这样的案件办起来也是十分麻烦。

国内主要商业银行信用卡快捷支付限额见表 10 所示。

表 10　　　截至 2015 年国内主要商业银行
信用卡快捷支付限额数据表

商业银行	各场景限额		
	虚拟交易（如手机充值等）生活应用（如水电煤缴费）	实物交易	实名类交易（如买机票、火车票、彩票）
中国工商银行	单笔 5000 元、单日 5 万元、单月 5 万元	单笔 5000 元、单日 5 万元、单月 5 万元	单笔 5000 元、单日 5 万元、单月 5 万元
中国农业银行	单笔 2 万元、单日 2 万元、单月 20 万元	单笔 2 万元、单日 2 万元、单月 40 万元	单笔 2 万元、单日 2 万元、单月 40 万元

续表

商业银行	各场景限额		
	虚拟交易（如手机充值等）生活应用（如水电煤缴费）	实物交易	实名类交易（如买机票、火车票、彩票）
中国建设银行	单笔5000元、单日5万元、单月5万元	单笔5000元、单日5万元、单月5万元	单笔5000元、单日5万元、单月5万元
中国银行	单笔2万元、单日2万元、单月20万元	单笔2万元、单日2万元、单月40万元	单笔2万元、单日2万元、单月无限额
平安银行	单笔2万元、单日2万元、单月20万元（每日30次）	单笔2万元、单日2万元、单月40万元（每日30次）	单笔2万元、单日2万元、单月无限额（每日30次）
交通银行	单笔2万元、单日2万元、单月5万元	单笔2万元、单日2万元、单月5万元	单笔2万元、单日2万元、单月5万元
招商银行	单笔3万元、单日3万元、单月20万元	单笔3万元、单日3万元、单月40万元	单笔3万元、单日3万元、单月无限额
浦发银行	单笔3.5万元、单日3.5万元、单月20万元	单笔3.5万元、单日3.5万元、单月40万元	单笔3.5万元、单日3.5万元、单月无限额
邮政储蓄银行	单笔2万元、单日2万元、单月5万元	单笔2万元、单日2万元、单月5万元	单笔2万元、单日2万元、单月5万元
兴业银行	单笔3万元、单日4万元、单月20万元	单笔3万元、单日4万元、单月40万元	单笔3万元、单日4万元、单月无限额

续表

商业银行	各场景限额		
	虚拟交易（如手机充值等）生活应用（如水电煤缴费）	实物交易	实名类交易（如买机票、火车票、彩票）
广发银行	单笔3万元、单日3万元、单月20万元	单笔3万元、单日3万元、单月40万元	单笔3万元、单日3万元、单月无限额
华夏银行	单笔5000元、单日5万元、单月20万元	单笔5000元、单日10万元、单月40万元	单笔5000元、单日无限额、单月无限额
民生银行	卡额度	卡额度	卡额度
光大银行	单笔5万元、单日5万元、单月20万元	单笔5万元、单日5万元、单月40万元	单笔5万元、单日5万元、单月无限额
中信银行	卡额度	卡额度	卡额度

注：(1) 数据截至2017年6月末；(2) 资料来源：支付宝网站。

国内主要商业银行借记卡快捷支付限额见表11。

表11　　　　　截至2015年国内主要商业银行
　　　　　　借记卡快捷支付限额数据表

商业银行	各场景限额		
	虚拟交易（如手机充值）、生活应用（如水电煤缴费）、转账到银行卡、还他人信用卡、转账到账户	实物交易、还本人信用卡	实名类交易（如买理财、买保险、买房；买机票；还贷款）支付宝账户充值项目金额可累计
中国银行	单笔1万元、单日1万元、单月20万元	单笔1万元、单日1万元、单月40万元	单笔1万元、单日1万元、单月无限额
中国农业银行	单笔1万元、单日1万元、单月20万元	单笔1万元、单日1万元、单月40万元	单笔1万元、单日1万元、单月20万元
中国工商银行	单笔5000元、单日5万元、单月5万元	单笔5000元、单日5万元、单月5万元	单笔5000元、单日5万元、单月5万元
交通银行	单笔1万元、单日1万元、单月2万元	单笔1万元、单日1万元、单月2万元	单笔1万元、单日1万元、单月2万元
中国建设银行	单笔5000元、单日5万元、单月5万元	单笔5000元、单日5万元、单月5万元	单笔5000元、单日5万元、单月5万元
平安银行	单笔5万元、单日5万元、单月20万元	单笔5万元、单日10万元、单月40万元	单笔5万元、单日无限额、单月无限额
中信银行	单笔5万元、单日5万元、单月20万元	单笔5万元、单日5万元、单月40万元	单笔5万元、单日5万元、单月无限额
光大银行	单笔5万元、单日5万元、单月20万元	单笔5万元、单日5万元、单月40万元	单笔5万元、单日5万元、单月无限额

续表

商业银行	各场景限额		
	虚拟交易（如手机充值）、生活应用（如水电煤缴费）、转账到银行卡、还他人信用卡、转账到账户	实物交易、还本人信用卡	实名类交易（如买理财、买保险、买房；买机票；还贷款）支付宝账户充值项目金额可累计
浦发银行	单笔3.5万元、单日3.5万元、单月20万元	单笔3.5万元、单日3.5万元、单月40万元	单笔3.5万元、单日3.5万元、单月无限额
招商银行	单笔5万元、单日5万元、单月20万元	单笔5万元、单日5万元、单月40万元	单笔5万元、单日5万元、单月无限额
广发银行	单笔3万元、单日3万元、单月20万元	单笔3万元、单日3万元、单月40万元	单笔3万元、单日3万元、单月无限额
邮储银行	单笔5000元、单日5000元、单月20万元	单笔5000元、单日5000元、单月40万元	单笔5000元、单日5000元、单月无限额
民生银行	单笔5万元、单日5万元、单月20万元	单笔5万元、单日5万元、单月40万元	单笔5万元、单日5万元、单月无限额
兴业银行	单笔5000元、单日5000元、单月20万元	单笔5000元、单日5000元、单月40万元	单笔5000元、单日5000元、单月无限额
华夏银行	单笔1万元、单日1万元、单月20万元	单笔1万元、单日1万元、单月40万元	单笔1万元、单日1万元、单月无限额

注：（1）数据截至2017年6月末；（2）资料来源：支付宝网站。

29. 信用卡积分可派大用场

信用卡的持卡人只要刷卡消费,其发卡银行都会按照一定的规则给予积分,而这些积分达到一定数量之后就能用来兑换可选范围之内的礼品。目前各家商业银行的积分规则可谓五花八门,各种礼品促销活动也是各具特色。不要轻视这些积分,如果熟悉发卡银行的积分规则并积极参加优惠活动,这些积分就能够带来很大的实惠与用场。

2015年,国内各大房地产开发商为吸引客户消化楼市库存可谓是八仙过海各显神通。华润置地与招商银行合作的一项"积分买房"的促销活动就非常吸引眼球。按照活动规则,购房客户可用招行信用卡1000积分抵扣10000元购房款,最高可抵扣20000元购房款,此活动覆盖全国35个城市的华润置地60个项目。更吸引人的是,这样的直抵优惠可与其他优惠活动共享,简单说就是在享受楼盘所有优惠活动之后还能再拿出来进行抵价享受。作为招行的信用卡客户自然会想到:这样的活动到底是银企一道推出的拨人眼球的"噱头"?还是银企携手一道送出的客户福利？其实，招商银行信用卡的"积分买房"项目早在2014年国庆期间就已经上线。当时仅有招商地产积极参与，发卡银行主要是试水积分与大宗商品的关联销售并积累经验。但是活动上线后，目前已有招商地产、世茂地产、华润地产、中海地产、碧桂园、建发地产和保利地产等国内多家著名的房地产开放商陆续加入招商银行的"积分买房"促销活动中来，覆盖了全国70多个城市和300多个楼盘。特点是折后立减，给予招行信用卡客户真正的实惠。

  不少女孩子都有外出逛商场时找到星巴克、汉堡王、哈根达斯喝上一杯咖啡、吃上一个汉堡、吃上一桶冰激凌的消费习惯，既时尚又自在逍遥。但9元钱在这三家店铺应该说很难消费到什么像样的食品。可是中信银行的信用卡积分在此时却能大显身手。按照相应的积分规则，中信银行的信用卡客户每个自然月单笔消费满299元的交易达到3笔、6笔或者9笔时，就可享受到9分权益1次、2次、3次。9分权益可以兑换星巴克大杯手工调制咖啡、哈根达斯单球冰激凌一份、必胜客30元抵用金一份、汉堡王皇堡或天椒皇堡套餐一份。中信银行这项积分促销活动自2015年6月1日推出后，一直持续到2015年年底。其后又有不断的积分促销活动陆续跟进。目前，中信银行的信用卡积分还可用于支付宝、京东钢蹦、乐益通的支付结算。特别是支付宝客户选择中信银行信用卡后，还可用积分抵现，2000积分可抵现金1元，而京东客户可用2000积分兑换一个京东钢蹦，乐易通客户可用11000积分兑换1000

乐易通积分。

中国工商银行的"积分当钱花"活动自2014年1月12日正式上线后一直是热销不断。中国工商银行的信用卡客户每500积分可以兑换1元现款并直接用于银行官方商城"融e购"购买商品,也可在全市700多家诸如百盛商场、新世界商场、中石油直营加油站等知名商户享受消费抵现。目前,"融e购"电子商务平台的注册用户已经达到1800万户,累计交易金融突破1600亿元。"融e购"平台的定位是名店、名品和名商,其签约的商户直营率达到73%,而业界的平均水平只有23%左右。目前,"融e购"平台已经汇集了房地产、汽车、数码家电、金融产品、服装鞋帽、食品饮料等二十多个行业,覆盖数千个知名品牌和二十多万种畅销产品。除了网上购物外,中国工商银行的信用卡积分目前还可用于兑换大地、金逸、保利及幸福蓝海多家电影院线电影票,在全国190多个城市的500多家影院通过中国工商银行积分活动享受超值观影的促销实惠。目前,大地院线可用14000积分兑换普通电影票一张,金逸院线可用17500积分兑换2D电影票一张,保利院线则可用22500积分兑换3D电影票一张。而中国工商银行信用卡账户还可在大地、幸福蓝海、保利三家院线刷卡购票并选择即时结账。

2015年6月1日开始,中国银行信用卡持卡人可登录中银积分365网站活动专区享受折扣兑换多款精选礼品。其中,持卡时间超过20年(含)以上的老客户可享受五折兑换优惠，10年（含）~20年的客户可享受八折兑换优惠，5年（含）~10年的客户可享受九折兑换优惠。不仅限于持卡的积分兑换礼品优惠，中国银行信用卡还曾联手金钱豹世贸天街店、王府井店、朝阳大悦城店、亚运村店、中关村店等直营店推出信用卡客户用餐即可享受"积分+现金"的活动礼品回馈。使用中国银行信用卡5万积分可兑换人民币120元，或者是纯积分交易：90000积分兑换午餐一份，100000积分兑换晚间第一时间套餐，80000积分兑换晚间第二时段套餐。自2015年开始微信火爆后，中国银行还适时推出了通过中国银行信用卡官方微信报名参加积分微团购活动，以最低五折超值优惠的价格兑换精选出的积分礼品。持卡人只要关注中国银行信用卡官方微信并成功绑定信用卡后，发送汉字"微团购"并按提示报名参团，达到100人（含）以上时该款礼品就可以以团购价优惠兑换到持卡人手中。如果持卡人的刷卡金额能够达到一定的金额，同时持卡人又是中银信用卡的持有者，那最好积极关注中国银行的信用卡积分兑换礼品活动。

交通银行的积分乐园是目前所有商业银行中首家积分消费百货店。店中有几万种商品可供持卡人选择，而且交通银行的信用卡积分可以当钱用，1000积分可抵扣2.5元现金。交通银行信用卡积分在积分乐园全场通用，全部积分可兑换4000多家餐饮企业的优惠券。普通商品可用积分抵现比例由过去的20%提高到50%。全场现金消费最高可享受30倍积分。小额积分则可参加积分抽奖活动，赢取更多的丰厚奖品或刷卡抵用券。交通银行还多次在每年旅游旺季推出境外消费10倍积分活动。活动期间成功注册的用户，单个自然月境外线下交易POS机任意5笔，则当月所有境外消费（含境外网上消费）享受10倍积分奖励，每个持卡人单个自然月奖励上限为10万积分。持卡人只要满足当月有5笔境外线下POS机消费并达到指定的挑战目标，皆可获得相应的积分奖励（含境外网上消费），最高奖励50万积分。

2017年新春伊始，光大银行推出的"我有千面，就要不凡"的促销活动，将沿袭多年的积分规则改成了现金返利的直接实惠。该活动消费立减、购票立减、屈臣氏立减、格瓦拉10元观影、10元享汉堡王、娱票儿购票立减10元、味千满88元立减35元、16元享特大杯咖啡等多个分活动组成。主要针对光大头条联名信用卡持卡人。在中国铁路客户服务中心网站及App京东商城、屈臣氏指定门店、格瓦拉@电影APP、汉堡王指定门店、娱票儿网站、味千指定门店、太平洋咖啡等特约商户消费、购票、购物，折扣立减，享受优惠。

目前大多数商业银行都有着常规的信用卡积分规则。如中国建设银行信用卡积分有效期规定为3年，中国建设银行上海大众龙卡信用卡积分有效期为5年，如果持卡人在信用卡有效期到期后，继续办卡，那么该卡内的信用卡积分可以继续累积使用。同一客户名下多张主卡积分可合并计算，主附卡积分统一合并到主卡账户中计算，方便持卡人统一使用，收集管理。2017年中国建设银行龙卡信用卡积分包括基本积分和奖励积分。基本积分为持卡人使用龙卡信用卡,每消费人民币1元积1分(持上海大众龙卡消费,每消费人民币1000元积6分);每消费美元1元积7分(持上海大众龙卡消费,每消费美元100元积4.2分);持欧洲旅行卡消费1欧元积9分。卓越商务卡——个人商务卡刷卡每消费人民币1元积1分;以美元结算的交易由中国建设银行在银行记账日为持卡人购汇后按人民币入账金额进行积分累计。积分计算日期为该笔消费的银行记账日。但因任何理由将刷卡购买的商品或服务退还,因签购单争议或其他原因而退还款项者,中国建设银行将扣除原先通过此笔交易累计的积分。

30. 不让孩子做"卡奴"

2014年6月,上海一户三口之家烧炭自杀,年过花甲的老夫妇及年仅25岁的儿子无一幸免,死因系信用卡透支无力偿还。一家人欠债走投无路"烧炭赴死",听起来很悲壮,但问责的方式是对相关银行罚款。原来这家人共有10多张信用卡,且总透支额度高达50多万元。发卡银行存在着未依法核准申请人资料真实性、过度授信、异常交易管控不力等多项违规。上海银行监督管理委员会的处罚决定显示,发卡银行在当事人张某申请信用卡时,未经核实,就核发了额度为10万元的信用卡,而且10张信用卡共有50万元的透支额度,显然违反了"刚性扣减"的原则。即使这一家三口每个人的信用额度为10万元,三个人加起来也不过30万元,50万元的透支额度显然不合理。

其实,上海"卡奴"烧炭自杀案,仅仅是近些年日益壮大的"卡奴"队伍的一个缩影。卡奴就是指这些使用大量的信用卡,但负担不起缴款金额或是以卡养卡、以债养账,甚至

30. 不让孩子做"卡奴"

一直在还利息的人。"卡奴"在中国大陆民间主要作讽刺或自嘲使用。"卡奴"一词最先源于中国台湾,中国台湾金融主管部门将无力偿还银行最低还款额,且连续3个月未能还款的人称作"卡奴"。银行间为争夺客户"滥发"信用卡,使很多没有足够支付能力的人也拥有信用卡。由于利滚利,不少人每月收入甚至不够支付利息,有些人一时还不起,就"拆东墙补西墙",办多张卡。持卡人狂购物乱刷卡是造成"卡奴"现象出现的根源。

目前在国内广大地区,信用卡的主要使用者是青年人和中年人。35%的信用卡使用者集中在上海、广州、深圳、北京四个大城市。银行的大力推广及信用卡市场的集中性使很多人手里都有不止1张信用卡。上海某调查机构对上海市信用卡使用者开展的调查显示,有26.4%的人承认自己每月薪水用到1元不剩,是典型的"月光族"。并且由于对消费、收入以及负债不能很好的调节,有32.5%的人担心自己会因为过度消费而步入"卡奴"行列。青年人本来就容易冲动消费,喜欢时髦的东西。很多青年人懵懵懂懂就刷卡上了瘾,很自然就成了"卡奴",而且青年人大多是独生子女,独生子女都容易被家里惯着,虽然收入不高,花钱可比父母大手大脚多了,这样的人可能就会成为"卡奴"。

有调查显示在中国香港地区,平均每人同一时间有3.5张信用卡,少数人更多达10张。半数受调查者只清还部分卡账,有近30%仅缴付最低还款额。随着各种信用卡泛滥发行,并推出各种刺激消费的奖励措施,背负巨额信用卡债务,每月仅缴付最低还款额的持卡人越来越多。香港大学对500名18岁以上、曾经拖欠信用卡还款的成年人进行调查访问发现,受访者每月平均透过信用卡消费签账7000多元,然而半数受访者仅清还了部分卡数,当中29%只缴付了卡数5%的最低还款额,不断滚存的卡数和利息加重了受访者的还款压力。

美国是一个崇尚超前消费的国家。根据洛切斯特理工学院金融教授罗伯特·曼宁的统计,3亿美国人平均每人欠账3.1万美元。美国人的超前消费已经变成了这个国家的一种文化,他们是按自己有多少信用额度来消费,而不是依据自己的收入花钱。信用卡已经成为美国人生活中不可或缺的一部分,从日常购物、外出旅游到餐厅付账都可用它记账,其使用频率及额度已经凌驾于现金交易之上。根据《华盛顿观察》的统计,美国75%的家庭拥有信用卡。每个家庭平均拖欠信用卡款项达7200美元。沉重的信用卡债务也成了影响美国人家庭生活的一个主要因素。

同时,发卡银行过度、多头授信,也是导致卡奴增加的直接原因。信用卡多头授信是指多个不同银行向同一客户发放信用卡,使客户可使用的信用额度与其还款能力严重不匹配。烧炭自杀的一家,同时获得民生银行、兴业银行、交通银行等在内的7家银行同时授信,就属于多头授信。信用卡申请的低门槛甚至无门槛,刺激了信用卡的发行量,银行过度授信、多头授信的行为也就不难理解了。目前大部分商业银行的信用卡申请，只需准备身份证复印件、工作证明、工资流水即可。严格要求必须提供财力证明（包括房产和收入证明等）的高门槛银行，基本上只有中国银行和中国农业银行。不少银行甚至可以用医保卡、社保卡等作为财产证明。

"卡奴"的产生，除了经济、社会成因之外，个人理财能力的欠缺也是一个方面："卡奴"往往过分地透支了自己的支付能力，"提前享受生活"、"花明天的钱圆今天的梦"，贷款买车、买房，信用卡透支消费正成为很多年轻人生活中的习惯行为。一项有关国内年轻人消费观念的调查表明，有57%的人表示"愿意用明天的钱做今天的事"。时尚带来的虚荣心，提前消费产生的快感，使信用卡在各个现代化大都市里，变成了时尚一族，甚至是普通工薪阶层、学生一族都不可或缺的"必需品"，就像时下流行的"手机"，人手一部，甚或多种。很多人拥有了一张、两张甚至更多的信用卡。卡民数量日益庞大，而"卡奴"族群也在日益壮大中。每次刷卡的时候总是觉得很痛快，可是却没有考虑到还款那一天刷的钱才是自己已经挣到的钱。同样是刷卡，但是刷了之后的效果是不一样的，刷借记卡，花的是已经挣到手的钱，而刷信用卡，花的是以后的钱。因为看不见实实在在的数字，所以就没有了心痛的感觉。很多人有这样一种感觉，购买一件可有可无的物品，如果要自己从口袋里掏出现金，一定会权衡利弊，甚至会放弃；但是如果是刷卡支付，则会很爽快的接受。在他们心里，刷卡并不心疼，但是要把一张张的钞票数出去，则会有些不舍。这就是人的心理。

很多人认同使用银行卡是一种象征进步的的观点,再加上银行推出的刷卡有积分的活动,让越来越多的时尚人士加入到持卡一族的行列。信用卡作为一种个人金融业务产品,迅速在年轻人中得到普及,使用信用卡已经成为比较流行的支付方式,但由于很多人不懂得量入为出的道理,甚至有人将依次借债视为提前享受生活的方式,他们办有不同银行的信用卡,还有人一口气办了十几张,为的就是以卡养卡,这种貌似时尚的理财之道,实则已坠入循环利息的恶性循环中,最终是欠款数额不断增加。信用卡的循环利息,其实就像雪地里滚雪球,越滚越大。无度使用信用卡容易陷入以债养债的恶性循环,让自己陷入"卡奴"的怪圈里不能自拔。日益增多的"卡奴"背后,逐渐浮现出信用卡存在的隐患。

才上班两年的姜小姐是铁杆超前消费迷,在她的观念中,刷卡消费就是用别人的钱充实自己的生活。这在她最初透支第一张卡,又能即时还款时,她确实得到比别人快又多的享受。但是,随着她超前消费意识的日益膨胀、市场诱惑日益增大的境况下,仅仅透支一张卡已远远不能满足她的需求。为了在免息期内可以支付第一张信用卡的欠款,她又在另外一家银行申请了第二张信用卡以还清第一张卡的透支金额,后来又申请了第三张、第四张,如此的卡套卡形成了循环透支。到了最后,由于透支过多,无法在免息期内还清,每个月要负担高额的利息,姜小姐也变成了一个真正的"卡奴"。每到还款的最后截止日,姜小姐就为自己之前的过度消费,懊悔不已。最后,还是父母出面帮助她还清了欠银行的2万余元债务。

家长有义务教育和培养孩子进行理财规划,有义务了解孩子的持卡消费状况,同时应该主动到银行办理主副卡绑定业务,控制孩子的消费欲望和消费额度。已经步入"卡奴"圈子的持卡人应尽快想到脱身的办法:尽量降低生活要求,减少不必要的消费支出,同时积极想办法增加经济收入;直接向亲人或朋友借钱以还清信用卡欠债,然后慢慢还家人或朋友的钱,至少没有利息或者利息比银行低;如果有好几张卡,应该优先偿还额度小的,尽量用大额度的卡还清小额度的卡的欠债,这样省得都交利息;通过抵押房子或者汽车来获得银行贷款,年利率才5%左右,比信用卡债务划算多了。

目前,年轻的"卡奴"正在崛起,很多高校的一年级新生,在刚入学的时候就整个班级、整个年级办理了信用卡。子债父还的事件屡屡发生。2014年年初,一位父亲为了怕女儿坐牢,为办了13张信用卡的女儿偿还了20余万元的卡债。2012年北京市西城区法院的个人消费贷款审判白皮书显示,信用卡纠纷案的涉案主体年龄集中在23~35岁之间,其中不少是高学历在校大学生。

如果缺乏合理的消费观念,未成年人使用信用卡的风险会更大。他们不具备民事责任能力,自己没有收入,透支信用卡以后,还是要依赖父母来还款。随着信用卡的普及,就算是成年人也有非法套现、恶意透支的不理性行为,更何况是自制能力比较差的未成年人，他们很可能效仿成年人使用信用卡套现。那些衣食住行还要依靠父母的未成年人，在受到诱惑的情况下，很可能大量制造信用卡透支。未成年人无力偿债的背后，也潜在着巨大的信用危机。初中辍学就进入苍南县某KTV当服务员的小思在工作中与一名自称小贝的男子认识了，此后两人发展为男女朋友关系。几天前，小思突然发现自己的银行卡里莫明奇妙少了5万元，这让她感到非常紧张不安。当她要报警时，小贝却说钱是他转走的，只是暂时借一下，过几天就会还上。但此后小思多次讨要，小贝都以各种理由推脱，两人因此闹僵。无奈之下，小思报了警。苍南县公安局灵溪中心派出所立即展开了调查，并将小贝抓获。原来，小贝是个典型的"卡奴"，先后办理了7张信用卡，他平时就利用信用卡的透支功能"拆东墙补西墙"，套取现金过生活。不过，随着时间推移，小贝向银行透支的欠款数额直线上升，窟窿多得已经补不上了，银行开始纷纷催讨还款，小贝觉得自己已经走投无路了。和小思交往过程中，小贝了解到小思银行卡内有一笔数额较大的存款，于是动了盗用的邪念。

31.
恶意透支惹麻烦

随着信用卡越来越广泛的使用，因恶意透支信用卡产生的信用卡诈骗问题也离我们的生活越来越近。根据我国刑法第一百九十六条规定，恶意透支是指持卡人以非法占有为目的，超过规定限额或者规定期限透支，并且经发卡银行催收后仍不归还的行为。从法律规定来看，要构成恶意透支的情形须同时具备三个条件：其一是在主观上要具有非法占有的故意；其二是客观行为上要超过规定限额或者规定期限透支；其三是经发卡银行催收后仍不归还。具体司法解释是：非法占有的故意是指持卡人在透支时就已经意识到不会去归还财物，主要是与善意的透支相区别。如果持卡人在使用信用卡时就已经准备好了要还款，但因客观原因无钱偿还信用卡欠款，则不应作为犯罪处理。至于透支时持卡人主观上是恶意还是善意，根据《最高人民法院、最高人民检察院关于办理妨害信用卡管理刑事案件具体应用法律若干问题的解释》的规定，持卡人明知没有还款能力而大量透支且造成无法归还的；肆意挥霍透支资金且无法归还的；透支后逃匿、改变联系方式，逃避银行催收；或者抽逃、转移资金，隐匿财产，逃避还款；或者使用透支的资金进行违法犯罪活动的都属于恶意。客观行为上的超过规定限额或者规定期限透支的司法解释是：透支限额是指发卡银行规定的持卡人可使用的超过其实际存款余额以上的最高限额，包括单笔透支限额和月累计透支限额两种。超过限额透支的，发卡银行随时都可以催收；超过规定期限的透支，对于透支的还款期限发卡银行有规定，若透支超过规定的还款期限，发卡行就可以进行催收。对经发卡银行催收后仍不归还的司法解释，《最高人民法院、最高人民检察院关于办理妨害信用卡管理刑事案件具体应用法律若干问题的解释》给出的明确规定是，经发卡银行两次催收后超过3个月仍不归还的，应当认定为刑法第一百九十六条规定的"恶意透支"。

有一段时间，江西某实业公司老总伍某的钱袋里装满了各家银行的信用卡，并疯狂地在南昌各大商场透支购物，结果却无力偿还。银行控告其在两年多的时间里，办理了11张信用卡恶意透支27.4万元，法院因此判决其有期徒刑11年。年仅29岁的伍某，被逮捕之前是江西某实业有限公司的法定代表人。许多认识伍某的人通常给他戴上年轻有为的帽子，但真正了解伍某的人一直在为他捏把冷汗，公司虽然取名江西某实业公司，但实际情况就是一个空壳子。据招商银行向办案单位出示的证明显示，伍某先后在招商银行用其个人名义申请的银行信用卡就达7张，伍某从2006年1月29日开始，使用这7张信用卡在南昌太平洋购物广场、知名品牌专卖店内购买衣裤等物品。透支最多的一次达到4万元，最少的也在千元以上。在不到一年的时间内，伍某在招商银行透支的金额达到15.2108万元。从法院刑事判决书上看到，伍某从银行办理信用卡疯狂透支的并不只招商银行一家。2003年5月，伍某向中国工商银行南昌经纬支行申请了信用卡，之后大肆透支消费5.1337万元。法院还查明，在2005年2月1日、2005年3月29日，伍某分别向中国银行江西分行、交通银行南昌分行申请信用卡，之后在该两家银行分别透支2.6253万元、3.9986万元。

从法院受理的信用卡恶意透支案件来看，信用卡恶意透支的主要类型有：持卡人以极高的频率，在相距很近的银行营业网点反复支取现金，在短期内占据银行大量资金；持卡人向多家银行提出申请，多头开户，出现多重债务，最终导致无力偿还；持卡人利用通讯设备还不发达，跨区域取现信息不能及时汇总，紧急止付通知难以及时送达的现状，在全国范围流窜作案；持卡人间相互交叉，连锁担保，分别在不同银行申办信用卡，或者持卡人与特约商户工作人员互相串通，以假消费方式套取银行资金，或者持卡人与银行员工内外勾结进行信用卡透支。

目前国内信用卡恶意透支风险的成因多种多样，从发卡银行的角度而言，一是对于申领信用卡的审核不严，部分发卡银行为追求发卡数量而使申领人的资信调查流于形式，而且对于申领人的真实身份没有通过多种方式核实，未能有效遏制以虚假身份证明骗取银行信用的行为；二是信用卡的担保手续往往流于形式；三是对于因信用卡透支造成的不良资产催收不力。透支户众多，住所分散，而发卡银行工作人员有限。同时，银行还很难得到公安机关的积极配合。

  在这里要强调的是，刑法实施细则解释的信用卡恶意透支的数额是指拒不归还和尚未归还的款项，不包括滞纳金、复利等发卡银行收取的费用。恶意透支数额在1万元以上不满10万元的，应当认定为《中华人民共和国刑法》（以下简称"《刑法》"）第一百九十六条规定的"数额较大"；数额在10万元以上不满100万元的，应当认定为《刑法》第一百九十六条规定的"数额巨大"；数额在100万元以上的，应当认定为《刑法》第一百九十六条规定的"数额特别巨大"。《刑法》规定，进行信用卡诈骗活动，数额较大的，处五年以下有期徒刑或者拘役，并处2万元以上20万元以下罚金；数额巨大或者有其他严重情节的，处五年以上十年以下有期徒刑，并处5万元以上50万元以下罚金；数额特别巨大或者有其他特别严重情节的，处十年以上有期徒刑或者无期徒刑，并处5万元以上50万元以下罚金或者没收财产。

  案例：汕头市潮阳区海门镇男青年黄某因做生意需要周转资金，2012年7月向某银行汕头分行申领了一张信用额度为1万元的信用卡，并多次进行透支取款及消费。2013年3月，黄某因需要更多周转资金，又向该行申请办理一张信用额度1万元的分期信用卡并激活透支取款，期间他陆续归还了银行欠款。2013年9月，因该卡的信用额度已提高至5万元，该银行重新发放了一张分期信用卡给黄某，黄某领卡后同样激活该卡进行透支消费。2013年11月至2014年8月期间，该银行汕头分行工作人员先后20次打电话向黄某追讨欠款，但他始终没有还清欠款，其所持的信用卡最后一次还款在2014年4月1日，归还银行欠款2000元；分期信用卡最后一次还款在2014年3月24日，归还银行欠款9300元。截至2014年8月11日，黄某使用的信用卡结欠11610.97元、分期信用卡结欠44562.65元。黄某上述欠款均超过3个月不归还，其中被认定为恶意透支金额为35912元。2016年8月16日，该行汕头分行信用卡中心向汕头市公安局潮阳区分局经侦大队报案。该大队民警经侦查发现信用卡诈骗犯罪嫌疑人黄某在潮阳区文光塔附近落脚，当天即将其抓获归案。2014年8月20日，黄某将上述信用卡透支款项全部还清。鉴于黄某能如实供述自己的罪行，且在公安机关立案后法院判决宣告前偿还全部透支款息，故依法从轻处罚，判处黄某有期徒刑1年，并处罚金2万元。

32. 信用卡给我们带来的最大实惠

应该说,信用卡的诞生就是基于信用平台基础。最早发行信用卡的机构并不是银行,而是一些百货商店、餐饮店、娱乐厅和加油站。自1915年起,美国的一些商店、餐饮店为了更好的招徕顾客,推销商品,扩大营业额,有选择地在一定范围内发给顾客一种类似金属徽章的信用筹码,后来演变成为用塑料制成的卡片,作为客户购货消费的凭证,开展了凭信用筹码在商户、公司或加油站购货的赊销服务业务,持卡人可以在这些发行筹码的商店及其分号赊购商品,约期付款。这就是信用卡的雏形。据说有一天,美国商人弗兰克·麦克纳马拉在纽约一家饭店招待客人用餐,就餐后发现他的钱包忘记带在身边,因而深感难堪,不得不打电话叫妻子带现金来饭店结账。于是麦克纳马拉产生了创建信用卡公司的想法。1950年,麦克纳马拉与他的好友施奈德合作投资10000美元,在纽约创立了大莱俱乐部(Diners Club),即后来的大莱信用卡公司的前身。大莱俱乐部为会员们提供一种能够证明身份和支付能力的卡片，会员凭卡片可以记账消费。但在现今看来，这种无须银行办理的信用卡仍属商业信用卡的范畴。1952年，美国加利福尼亚州的富兰克林国民银行首先发行了银行信用卡。1959年，美洲银行在美国加利福尼亚州发行了美洲银行卡。此后，许多银行加入到发卡银行的行列。到了20世纪60年代，信用卡很快受到社会各界的普遍欢迎，并得到迅速发展。信用卡不仅在美国，而且在日本、加拿大乃至整个欧洲都盛行起来。20世纪70年代开始，中国香港、中国台湾、新加坡、马来西亚等国家和地区，也开始推广使用信用卡。

商业银行向客户提供信用卡的实质是通过信用卡媒介向众多持卡人发放贷款，而且对于银行来说又是较简单的一件事，对持卡人来说则比较方便。由于信用卡是可以循环使用信用额度的，持卡人不必每次都到银行去申请贷款就可以借款、还款、再借款、再还款。只要借款总额不超过信用额度，持卡人即可重复借款，并可以按月分期偿还银行欠款。信用卡不仅使银行能够吸引不住在银行附近的客户，同时，信用卡持卡人的增多给银行其他金融产品提供了极好的营销机会。既有新的贷款来源，又有新的存款来源，两方面的吸引力引发了银行激烈的竞争。随着越来越多的商户接受信用卡，持卡人使用信用卡也就越来越便利。随着持卡人人数的增加，商户售货的机会也在增加。两者的相互促进刺激了信用卡的发展，与此同时，银行也从持卡人和商户那里得到了更多的收益。

世界上第一张信用卡就是诞生于商户，因而商户是信用卡最大的受益者。受理银行卡对于众多商户的好处是：

（1）信用卡在方便消费者购物和消费的同时，由于没有实物现金付出的概念，再加上其免息期的规定，会刺激消费者大额采购的欲望、购物的随意性和的冲动性，增加商户的销售额。统计数据也表明，使用银行卡交易的平均消费金额要高于使用现金交易的平均消费金额，会大大地增加商户的销售量和销售额。

（2）银行卡结算比现金结算更加安全卫生。以往商户在收取现金过程中往往需要识别伪钞假币，收取后还需要对钞票进行清点、保管，在每日营业终了还需要将现金押解至银行，在这期间安全始终是商户需要面对的问题，通过受理银行卡则避免了现金所带来的这些安全隐患问题。同时，现金在流通过程中不可避免地沾染上各类细菌和病毒，给消费者和收银员的身体健康带来了威胁，而受理银行卡则可以有效减少细菌和病毒的传播机会，创造了一个安全、卫生的消费环境。

（3）使用信用卡提升了买卖结算速度。商户受理信用卡后，不仅在消费结算时速度更快，而且款项入账及时、账务清楚，方便商户对资金的调度。

（4）有利于吸引更多的消费者前来消费。不少消费者已经习惯利用银行卡进行消费，商户接受信用卡结算，可以提供给消费者更多的方便和选择，吸引更多的新消费群体，也提升了商户形象。特别是能够受理诸如 VISA、MasterCard 国际卡结算的商户，可以吸引到更多的境外旅游者。目前，银行卡在电话、手机、互联网等购物方式中的迅速推广使用，使得更多的消费者足不出户便享受到商户的多样服务。

（5）帮助商户在不断的商战中建立优势。通过受理银行卡，商户能够收集相关消费者数据，通过对数据的分析、研究，可以制订出具有针对性的客户服务计划，开展多种形式的促销活动，和其他行业的企业结盟进行联合营销，使得商户在激烈的市场竞争中建立并强化优势位置。

信用卡对持卡人的最大好处是在没有携带现金的条件下实现了结算，并且还可以透支结算金额。与此同时，信用卡的消费结算记录是个人征信记录的重要内容。很可能在多年以后，许多人需要拿这样的一个信用证明来证明自己是一个诚信的人。建议现在的青年人尽早开一张信用卡，让自己有信用记录，并存积自己良好的信用记录。但毕竟信用卡结账是一种无现金交易，买再多的东西，轻轻一刷卡就完了，潇洒往往掩盖了过度的消费。由于大学生没有固定的收入来源，盲目使用信用卡很容易陷入"以卡养卡"的误区。最后不但要麻烦父母出面偿还欠款，还会留下信用记录污点，影响将来的信用消费。建议家长以自己的名义申请一张信用卡，同时给正在上学的孩子办一张与主卡实行绑定的附卡，主卡和附卡使用一个资金账户，这样子女可用附卡直接支付各类费用，而家长可通过每月发卡银行的对账单或通过即时短信服务，随时了解子女使用每一笔资金的情况，帮助孩子培养信用记录。

33. 揭秘高端信用卡

白金卡、黑金卡、钻石卡、无限卡,这些高端信用卡不仅有动辄几十甚至上百万的授信额度,还使持卡人在出入高档场所享受特殊优待,即使是到了机场候机楼也能找到安逸舒适的休息场所,但持卡人必须有发卡银行的邀约才能享受。应该讲,越来越多的高端信用卡出现在商务人士群体中,在受到许多老百姓羡慕的同时也让许多普通百姓好奇:这高端信用卡到底高端在哪里?

目前,VISA 信用卡的分级由低到高分别是普通卡、金卡、白金卡、Signature 卡和无限卡 5 个级别。白金及其以上级别的信用卡都被称作高端卡。但是,每家商业银行对 VISA 高端信用卡的资格要求却不同。VISA 面向 VISA 白金卡、Signature 卡和 VISA 无限卡持卡人推出的包括旅行、美食、健康、生活、航空和教育专属礼遇和极致体验。VISA 豪华酒店精选服务提供全球 900 多家五星级酒店、度假村、旅馆和城堡的专属礼遇。VISA 高端信用卡的持卡人可以享受免费的客房升级、延迟退房和 VIP 礼遇的诸多高端优惠。VISA 高端持卡人还可享受定制化的旅游专属服务优惠，包括机场豪华轿车接送、租车折扣、礼包赠送及其全球自驾订旅游套餐及其当地美食的专享折扣优惠。VISA 还曾在国内向高端卡持卡人提供凯悦酒店集团大中华区旗下酒店享受"连住两晚，第三晚免费"的特惠礼遇。VISA 高端（包括金卡）持卡人可享受中国国际航空和东方航空低至九折的国际航班折扣优惠。VISA 高端持卡人目前还可在北京、上海、深圳等地区 8 家五星级酒店餐厅任意消费即可每月每家享用一次免费中午套餐或自助餐的实惠。提供这种实惠的餐厅包括上海静安香格里拉大酒店夏宫、上海浦东丽思卡尔顿酒店金轩、北京华彬费尔蒙酒店 8 悦餐厅及广州海航威斯汀酒店红棉餐厅。而在健康方面，VISA 无限卡的持卡人可免费享受北京、上海、杭州、广州及深圳等地区 15 家五星级酒店健身馆的服务。VISA 无限卡的持有人可在中国境内、韩国首尔和济州岛的高档健身房和 Spade 的消费低至八折的优惠和礼包赠送。在教育领域，VISA 高端卡的持卡人可以享受新东方出国最高 2000 元人民币的海外留学咨询服务折扣优惠。

目前，由中国银联所发行的银联高端卡主要包括有白金卡和钻石卡两种，其卡号以数字"62"开头，且卡面有"platinum"、"Priority"、"Platinum"或"Diamond"字样。与 VISA 卡的高端和高品质服务不同，银联高端卡更多的考虑了中国国内持卡群体的实惠需要。银联高端卡曾在推出优惠服务的期间，要求指定机场停车区或者银联专属停车区，对使用银联白金卡和钻石卡的持卡人刷卡消费1元即可享受2小时的停车或者48小时的停车服务。银联白金卡和钻石卡的持卡人还可以1元的超值价格购买北京、上海、广州、深圳机场接送机专用车代金券，其抵用金额为100元。其实还不仅限于这些服务，在多个年度特定期间，银联白金卡和钻石卡的持卡人在北京、上海、广州及成都4座城市申请新西兰签证时，凭借银联白金卡和钻石卡的正面复印件及其3个月内该卡银行对账单信息来代替申请人的存款证明、工资证明及其在职证明，大大简化了申请手续。银联白金卡和钻石卡的持卡人通过拨打银联贵宾热线400-629-5516来享受英国签证加急服务资格，更可享受北京、上海及广州3座城市英国个人签证加急服务，其缩短签证时间至3~5个工作日。

高端卡的塔尖无疑是运通百夫长黑金卡。目前，黑金卡仅限于极少数的受邀客户群体办理，支持全球的刷卡消费及其顶级礼遇。黑金卡持卡人可以独享私人定制服务和丰富的全球商旅资源。拥有一张运通百夫长黑金卡，等于是拥有了一个"无所不能"的私人助理。除了预订酒店和升级客舱外，他甚至可以帮助持卡人买到已经售罄的音乐会门票、畅享奥斯卡私密聚会或者是成为著名艺术节的贵宾。已经发行的中国工商银行运通百夫长黑金卡由中国工商银行邀请方式发行，对象仅限于极少数精选出的银行高端客户。中国工商银行运通百夫长黑金卡服务团队可为会员客户安排直升机或者私人飞机的专属空中旅行服务以及高级轿车、双层豪华大巴、华丽马车的独有高端服务及其他高端座驾服务。中国工商银行运通百夫长黑金卡持卡人可以享受多种豪华邮轮服务优惠、免费升舱、邮轮消费费用直减、折扣特惠。其合作的豪华邮轮包括 Crystal Cruises、Holland America Line、Regent Seven Sea Cruises 和 Silversea。当然，会员还可以享受闻名的威尼斯、辛普朗东方快车、火车及其邮轮服务提供的独一无二的极致浪漫、冒险并乐趣无穷的体验之旅，还有 Abercrombie & Kent 的豪华旅行服务特别礼遇，其可囊括全球七大洲 100 多个国家的旅行线路。在酒店服务方面，中国工商银行运通百夫长黑金卡提供世界一流酒店的贵宾入住专享方案，保证持卡贵宾在 Fine Hoteis & Resorts 计划下，在世界各地超过 600 多处旅游度假胜地享受免费早餐、延时退房、客房升级的款待和优惠，而这些参与合作的酒店包括有非常著名的安曼酒店、文华东方酒店、东方快车酒店、半岛酒店、莱佛士酒店、丽思卡尔顿酒店和瑞吉酒店。持卡贵宾可在指定酒店享受一晚免费入住的礼遇。在 Small Luxury Hotels Of The World（简称 SLH）组织内的遍布世界超过 70 个国家的 520 多家小型豪华酒店还会为中国工商银行运通百夫长黑金卡客户提供包括提前入住、客房免费升级、免费欧式早餐、延时退房的优惠服务。美国运通联合世界一流品牌为中国工商银行运通百夫长黑金卡客户量身定制购物计划并提供世界各大品牌的促销、新品发布会、夜间购物的独家邀请，还会有限量版设计服装以及特价优惠。中国工商银行运通百夫长黑金卡会员可以享受 Bloomingdale's 优惠及颇特女士网（NET - A -

PORTER.COM)超过350家国际一线设计师品牌优惠和EIP贵宾待遇、Shop America Alliance优惠和专享服务，Boodles珠宝店、The Savoy酒店免费下午茶以及香港购物优惠。毫不客气讲，中国工商银行运通百夫长黑金卡囊括了单独约见知名设计师、预览最新时尚时装、参加各种高级订制及其私密邀约活动、在各类大型庆典活动、娱乐表演及体育赛事中享受贵宾待遇。

34. 全币种卡的差别

自从众多国内持卡人迷上了海淘这件事，便一发不可收拾。当然，海淘自然也离不开信用卡了，但到底哪家银行哪种类型的信用卡最优惠，也是广大淘友十分关注的一个问题。由于海淘的范围遍及全球，货币兑换手续费也自然成了一个需要考虑的问题。当然，持卡人可以申请美元双币卡、欧元双币卡、日元双币卡来避免货币兑换费开支，但卡太多，似乎也是一件打理起来比较困难的事情。目前，国内各大银行都推出了自己的全币种卡，而且基本都免去了货币兑换手续费。一张全币种信用卡搞定所有币种，这的确是让人方便多了。但仔细比较起来，各家商业银行发行的全币种卡还是各有侧重、各有其特征的。

中国银行全币种银行卡包括全币种国际芯片卡和中国银行EMV白金卡。全币种国际芯片卡主要特点是终身免年费，且减免货币兑换手续费。持卡人无论何时、何地、何种货币，只要持卡出境消费或者取现，其减免跨境交易货币兑换手续费的优惠力度为交易金额的1.5%。登录网银或者致电400-669-5566服务热线在开启全球交易人民币记账功能后,所有外币交易自动购汇,以人民币入账,仅需按账单以人民币还款即可,若持卡人希望以美元进行跨境消费与还款则持卡人可以关闭此项功能。采用国际通行EMV芯片标准,有效降低被伪冒与欺诈风险。信用卡丢失或被盗,可立即拨打400-669-5566进行挂失。在办妥挂失手续后,相应风险与责任由银行承担。持卡人可选择凭"签名"或者凭"签名+密码"刷卡消费。该卡还可开通自动还款服务和还款后短信提醒,为持卡人提供实时交易短信提醒服务,确保持卡人随时掌控用卡情况。当持卡人用卡发生大额或非正常交易时,发卡银行会在第一时间与持卡人确认,解除持卡人的后顾之忧。全币种国际芯片卡融合了储蓄卡和信用卡的优势,在享受存款有息的同时,还可畅享透支消费和免息还款期的便利。如果持卡人是"空中飞人",全币种国际芯片卡金卡为持卡人提供中国国家航空、南方航空、深圳航空等航空公司的会员申请、里程自动兑换等服务。持卡人可以将国内任意省或直辖市设置为"您的地盘"。在"您的地盘"内,持卡人在中国银行柜台存款、取款、转账和ATM取现时,无需支付手续费。但采用VISA单通道,无银联标志,不能用支付宝还款,国内非VISA通道刷卡仅支持中国银行POS机。

　　EMV白金卡境外刷卡返现5%。外币消费双倍积分,积分永久有效。而且中国银行在国外又有良好的口碑,是出国旅行的首选卡片之一。该卡开通自动还款服务，并可在中国银行特约商户、自助机具及柜台使用，可在全球 VISA 或 MasterCard 网络商户及境外 ATM 使用，但不可在境内银联网络或其他银行商户及自助机具上使用。该卡在中国境内柜台不得透支提取外币现钞，且客户办理还款结售汇不得超过该卡已形成的外币透支额。EMU 白金卡对于海淘一族来说，国内基本派不上用场，也不支持支付宝第三方还款，只能去中国银行网点或者用中国银行网银还款。申请后 10 天左右就可拿到卡片了。

中国工商银行发行的环球旅行金卡和环球旅行白金卡也是全币种银行卡，其具有以下特点：可通过美元、欧元、港币、英镑、日元、新加坡元、加拿大元、澳大利亚元、瑞士法郎、新西兰元 10 种货币直接支付，无需货币转换；打开自动购汇功能，则可在最后还款日从借记卡自动购汇还款，关闭自动购汇功能，则可手动购汇还款；银联和 MasterCard 双通道，国内外均可用，还可用支付宝还款；金卡刷卡每年 5 次免年费，白金卡年费 2000 元人民币，每年消费 20 万元人民币可免年费。白金卡中的 Priority Pass 卡，可无限次进入机场国际贵宾厅。这是中国工商银行主推的卡片，和中国工商银行的多币种卡差不多。要注意的是，该卡开卡后，个人信用报告会显示有 10 个币种的账户。而且即使开通了自动购汇还款，也只有在最后还款日才从借记卡中自动购汇还款，账单显示消费的外币金额，不会直接以人民币记账。建议该卡持卡人在最后还款日之前，挑个汇率合适的时候，主动购汇还款更为适宜。Priority

Pass卡没有普卡，申请后没有降级批卡的机会，建议对自己实力不自信的申请人申请中国工商银行多币种卡，基本功能是一样的。中国工商银行环球旅行金卡和环球旅行白金卡的核发周期为3周左右。

中国建设银行的全币种信用卡包括全球支付VISA卡和全球支付Master卡。主要特点是：所有外币交易（刷卡、网购、取款）自动购汇，人民币入账，仅需按账单以人民币还款即可。而且免收货币兑换手续费，无截止期限。银联、VISA和MasterCard双通道，国内可用，可用支付宝还款。刷卡10次免年费。此卡也是建设银行目前主推的信用卡，和中国银行EMV类似，也是直接人民币入账。并且有银联通道，国内可用，可以用支付宝还款。中国建设银行曾经号称此卡17种常用货币直接走中国建设银行内部汇率，无需经过货币兑换，汇率会比VISA或MasterCard渠道要低。中国建设银行信用卡持卡人，临时额度加固定额度有3万元人民币就可以申请全币种信用卡。申请后三周就可到手。

招商银行全币种国际信用卡主要特点是：终身免年费。所有外币交易（刷卡、网购、取款）自动购汇，人民币入账，仅需按账单以人民币还款即可。免收货币兑换手续费，无截止期限。VISA单通道，无银联标志，不能用支付宝还款，国内非VISA通道刷卡仅支持招商银行POS机。该种卡片除了没有EMV芯片、免收货币兑换手续费、优惠无截止期限以外，和中国银行EMV非常相似，外币交易人民币入账，国内基本不能用，不能用支付宝还款，但终身免年费。招商银行的卡比较容易申请，信用报告没有瑕疵基本都能发卡。采用网上申请方式，两周后卡片就可到手。

从汇率上来看，中国工商银行环球旅行卡和中国建设银行全球支付卡最好。中国工商银行环球旅行卡≤中国建设银行全球支付卡＜中国银行 EMV 卡＜招商银行全币种卡。从还款便利程度来看，考虑到网点数量、第三方还款等因素，中国工商银行环球旅行卡最好。中国工商银行环球旅行卡≥中国建设银行全球支付卡＞中国银行 EMV 卡＞招商银行全币种卡。比较而言，中国工商银行环球旅行卡和中国建设银行全球支付卡更适合淘友们海淘使用。

35. 关注名单

个人关注名单是指国家外汇管理局（以下简称外管局）为了防范个人项下资金流动风险而设立的特殊名单。根据《国家外汇管理局关于银行开办电子渠道个人结售汇业务试行个人分拆结售汇"关注名单"管理的通知》（汇发［2011］41号），经银行筛选确认后，出借年度总额参与分拆的个人、境内分拆划转资金和购汇结汇资金的归集个人，或者银行通过人工核查或其他途径确认分拆的个人、外管局发现办理可疑结售汇交易并经银行核实确认的个人，均应纳入"关注名单"进行管理。"关注名单"的关注期限为个人被纳入"关注名单"之日起的当年及之后两年。在关注期限内，银行不得为"关注名单"内的个人办理电子银行结汇和售汇业务；通过柜台为其办理结售汇业务时，应比照超过年度总额的结售汇要求，经常项下须审核真实性材料，资本项下须经必要核准。个人如果被告知列入"关注名单"，需要按照以上规定，先确认自己近两年内是否有上述分拆行为。如果没有，应咨询办理兑换外汇的银行，要求查实自己被纳入"关注名单"的原因，并就相应事项提交真实性、一致性的相关材料，以证明自身结售汇为年度总额内满足自用需要的行为。如经银行审核确认无误，可从"关注名单"中予以删除。对于确因存在违规交易进入"关注名单"的个人，在关注期内如果未再次出现违规交易行为，银行将在关注期满后予以删除。

国家外汇管理局个人外汇业务监测系统已在2016年1月1日正式上线运行。自此，个人到每一家银行去办理结售汇业务，银行都有此人是不是在全国其他银行、其他地区被列入"关注名单"的记录。个人外汇业务监测系统提供页面登录和联机接口两种使用模式。银行可通过页面登录模式办理个人结售汇业务，当然也可以通过联机接口模式实现银行业务系统与外管局系统的直接对接，对个人结售汇业务实现一次录入。现行的《个人外汇管理办法》规定个人每年只能购汇和结汇5万美元。但是此前部分外汇需求较大的个人利用部分银行结汇时并未实现登录外管局系统查询个人余额，从而形成银行间系统数据并未及时更新和共享的漏洞，进行了超额换汇。而个人外汇业务监测系统的上线将从技术上有效堵住漏洞。《国家外汇管理局关于进一步完善个人结售汇业务管理的通知》规定，境外同一个人或机构同日、隔日或连续多日将外汇汇给境内5个（含）以上不同个人，收款人分别结汇；5个（含）以上不同个人同日、隔日或连续多日分别购汇后，将外汇汇给境外同一个个人或机构；5个（含）以上不同个人同日、隔日或连续多日分别结汇后,将人民币资金存入或汇入同一个人或机构的人民币账户;个人在7日内从同一外汇储蓄账户5次(含)以上提取接近等值1万美元的外币现钞;5个(含)以上个人同一日内,共同在同一银行网点,每人办理接近等值5000美元现钞结汇;同一个人将外汇储蓄账户内存款划至5个以上直系亲属,或者同一个人的5个以上直系亲属分别在年度总额内购汇后,将所购外汇划转至该个人外汇储蓄账户;其他通过多人次、多频次规避限额管理的个人分拆结售汇行为,都将被认定为个人分拆结售汇行为并进入银行"关注名单"。

"关注名单"并不等同于"黑名单"。纳入银行"关注名单"的个人,外管局不会暂停其外汇交易和汇款,只是列入两年内不可享受"通过电子银行办理结售汇业务"的范围。对于个人真实、合法、合理的需求,即使被列入了"关注名单",仍可凭规定的证明材料和身份证件在银行柜台办理结售汇业务。但如果通过分拆汇出等方式,实现外汇资金违规流出,外管局将依法依规跟踪查处并予以处罚。根据《中华人民共和国外汇管理条例》,逃汇、套汇、擅自修改外汇用途等行为,情节严重的可处违规行为金额30%以上等值以下的罚款。也就是说,如果擅自修改外汇用途,最高可以把申购的外汇全罚干净。因此,信息申报显得尤为重要。在向金融机构进行购汇委托时,个人需要如实填报资金用途,不仅要在十多个细化选项中勾选,还可能面临更细致的信息申报。举例讲,如果明确了购汇用途是"非投资类保险",还需要进一步填写保险机构名称、对方国家或地区、账户、预计用汇时间等。

受国内外复杂多变经济形势的影响，当前我国跨境资金流动短期波动有所加大。为防范异常跨境资金流动风险，国家外汇管理局加大了对异常跨境资金流动的检查力度，加强了个人分拆和重复购汇管理。特别是在"811"汇率改革以来，对累计大额频繁购付汇的客户加强监管，严格审核个人分拆购汇状况并不予办理。银行应当每2个月审核一次分拆内容，对前90个交易日，5个（含）以上不同个人同日、隔日或连续多日分别购汇，购汇总金额超过等值20万美元，并将外汇汇给境外同一个人或机构的客户纳入"关注名单"。同时，杜绝个人在同一银行当日累计付汇超过等值5万美元且没有提供相应凭证的情况。加强对个人购付汇"关注名单"的筛选和检查，及时上报外管局并确保"关注名单"的辖内网点共享。每2个月筛查一次前90日的个人分拆购付汇数据。银行还应加强企业客户购汇管理，加强经常项目购付汇业务管理，包括货物贸易、服务贸易和个人分拆与重复购付汇管理。针对临时客户，特别是异地客户加大审核力度，防范超出经营规模的不合理大额、高频购付汇。防范企业无真实背景的跨境套利交易。加强服务贸易外汇审核。对于大额购汇业务，应审核合同、发票等内容，对于同一企业短期内向境外同一收款人支付多笔接近等值5万美元付汇业务的要求严格审核。此外，还要求加强银行外汇业务真实性审核，杜绝单纯为盈利而迎合客户非法或可疑的需求，放松审核标准，还要求银行配合外汇管理局查处通过预付货款、转口贸易单边付汇、分拆购汇等外逃资金的行为，配合查处地下钱庄、通过离岸公司账户和非居民账户转移违法跨境投机套利等非法外汇交易行为。

36.
让信用卡远离洗钱风险

近年来,信用卡业务快速发展。但由于信用卡业务的网络特征明显,也极易被犯罪份子用作洗钱的工具。做好防控工作刻不容缓。从信用卡申领、交易及还款各环节来看,目前信用卡面临的洗钱风险主要集中在以下方面:

(1)身份识别环节面临的洗钱风险主要集中在信用卡和特约商户的申请环节。信用卡的申请环节包括办卡申请、资料审查。目前,商业银行办卡申请、资料初审环节都放在基层支行进行。信用卡营销人员在网点营销、驻点营销、上门营销过程中,必须落实"三亲见"要求,即"亲见本人、亲见身份证件原件、亲见签名",确保申请人身份真实性。营销人员要确保申请表填写内容完整及规范。但目前在实际工作中确实存在信用卡申请资料真实性落实不到位的情况。从目前已经发生的大量案例来看,信用卡申请环节显现的洗钱风险主要有:一是伪造或变造资料,即申请人通过提供虚假的身份证明、工作证明、收入证明等材料,骗取银行信用卡并使用。究其原因:

主要是信用卡营销人员为高端客户办理批量发卡业务时，放松了对客户身份的识别工作。另外，客户办理信用卡填报资料常有所保留，难以保证其信息来源的真实性；二是洗钱分子跨行申请多张信用卡，在不同信用卡、借记卡账户间反复转账，直到很难察觉收入的性质、来源和去向。究其原因：一方面有银行为完成发卡任务、占领市场的原因，另一方面也归因于目前我国个人征信系统建设尚不完善。依照规定，发卡行在客户申请信用卡后一个月内应将个人征信信息报中国人民银行征信系统，该系统可以实现查询申请信用卡客户共在几家银行办了几张信用卡（但不显示除本行外其他信用卡发卡行的名称及信息）及其信用卡额度的功能。但由于部分商业银行不查或少查客户跨行开卡信息，以及中国人民银行征信系统的时滞性，使得一人同时申办多张信用卡成为可能。对于特约商户身份识别，一方面部分商业银行没有严格审核三证（即营业执照、组织机构代码证、税务登记证）基本身份信息，为达不到标准的商户安装POS机；另一方面商业银行对特约商户POS机缺乏持续的客户身份识别。究其原因，主要是商业银行为了占领市场，出于成本利润等方面的考虑，放宽了对特约商户的身份识别及长期有效监控。而且由于缺乏对支付清算组织的反洗钱监管，支付清算组织在客户身份识别阶段埋下许多洗钱"暗雷"，例如对采取自身业务系统与支付组织业务处理系统进行网上对接的客户身份识别工作非常薄弱，对超过一定交易金额的客户也没有强制要求留存身份证件。

（2）交易环节面临的洗钱风险主要是信用卡套现。信用卡套现是指持卡人通过似乎"合规"手段提取现金，或者通过其他手段将卡中信用额度内的资金以现金的方式套取，同时又不支付银行提现费用的行为。信用卡套现的主要方式有：一是信用卡持卡人利用网上交易等方式套现；二是特约商户提供POS机为持卡人提供套现的便利条件。信用卡套现存在的主要原因有：商业银行对信用卡业务、特约商户POS机审核不严；信用卡预借现金支付的利息过高，信用贷款欠缺；部分商业银行对特约商户每月最低交易额有限制。而且信用卡一旦与网上支付工具进行转账交易，就进入了电子支付范围，而电子支付系统主要通过密钥及电子签名的认证来确认交易双方身份，其只认"证"不认"人"的特点，也给反洗钱带来了障碍。如果没有健全的支付交易报告系统，银行将无法逐笔审查银行卡支付交易并从中筛选出可疑交易。由于信息被加密，不能直观的知道该信息的来源、目的地，更无法利用有限的时间、精力调查和追踪洗钱犯罪。另外，部分银行业务发起网点的所有大额、可疑交易都归集在信用卡中心，数据实行集中管理，这就造成了信用卡跨区域、跨系统的资金交易难以得到有效的跟踪与监测，给反洗钱甄别、调查工作带来了众多的不便。

（3）还款环节面临的风险主要是个人跨省、跨行信用卡还款涉嫌洗钱的交易，在反洗钱监控系统中的数据处理问题上存在一定风险。换句话说，被还款信用卡为异地或其他行网点所发，数据展现在异地网点的监控系统中，交易发生网点若发现可疑行为，在数据和客户基本资料的提取判断上存在一定难度，发卡银行在系统数据的处理上也缺乏原始凭证资料。还款环节面临的其他洗钱风险还有利用机票退票、医院住院预缴费退款等方式的信用卡套现和洗钱方式。其流程为缴费时用一张信用卡，而退款时却退到其他账户上，从而完成信用卡套现或洗钱活动。信用卡套现衍生出来的"代还款"业务也存在一定的洗钱风险。

根据中国人民银行报告，资金向境外转移是目前国内洗钱的主要变化趋势。目的地主要集中于北美、澳大利亚、东南亚地区。涉案金额相对小、身份级别相对低的犯罪嫌疑人，大多将资金就近转移到我国周边国家，如泰国、缅甸、马来西亚、蒙古国、俄罗斯等国；而案值大、身份级别高的犯罪嫌疑人大多将资金转移至西方国家，如美国、加拿大、澳大利亚、荷兰等国。资金向境外转移的主要手段有：（1）用现金走私来转移。许多个人通过夹带在行李中直接将现款携带到境外。这种方式费用低，但同时可走私的数额较为有限，风险也比较大。也有通过某些代理机构（主要是地下钱庄）利用一些专门跑腿的"水客"以蚂蚁搬家的方式在边境口岸来回走私现金，偷运过境后再以货币兑换点名义存入银行户头，给追查带来较大难度；（2）非法买卖外汇。利用此种交易方式跨境转移资产的主体较为复杂，除了腐败分子和国企高管，还有某些企业为了避税逃税和享受外商投资优惠待遇而进行跨境转移其灰色资金，以及走私、贩毒等犯罪分子和恐怖分子以此转移其黑钱。一些无法交代来源的资金,通过账户倒转,变成合法合规的收入。这种地下钱庄在广东深圳一带由来已久,异常活跃且屡禁不止。内地客户事先把人民币打入钱庄指定的内地账户,地下钱庄在扣除手续费后,将港币或美元打入客户在境外的账户。地下钱庄效率很高,一般只要提早半个小时告知转移金额和币种,钱庄就能按照即时兑换汇率帮客户把钱转出去,手续费为0.8%~1.5%。一个小时内就可以在中国香港的银行户头收到相应的资金。现在更多地下钱庄做起了民间拆借,将闲钱以15%~20%的年利率拆借给缺钱的中小企业;(3)进口时报高进口设备或原材料的价格,然后从国外供货商手中索取回扣、分赃款,并将非法所得留存境外;出口时则大幅压低出口商品价格,或采用发票金额远低于实际交易额的花招,将货款差额由国外进口商存入出口商在境外的账户;(4)境外投资渠道。此类资金转移通常以企业正常海外投资的形式转往国外。资金性质的改变发生在境外,在境外被非法占有或挪作他用。采用此种手法转移资金的多为大型企业高管人员或某项具体业务的负责人员。近年来,艺术品投资也成为洗黑钱的途径。一些高价竞投境外流失国宝艺术品、但最终不成交的交易,也涉及洗钱的猫腻;(5)洗钱者通过在境外使用信用卡大额消费或提现来实现资金向境外转移。目前我国对此类个人支付没有严格的外汇管制或限制。而对于各发卡机构来说,只要持卡人单次消费或提现是在信用额度内,且按时还款即可,并不做累计消费或提现的限制,客观上为信用卡资金境外转移提供了可乘之机。利用信用卡赌博，购买奢侈品、古董等方式洗钱也不断发生。在赌场、珠宝店等地刷卡，购买高价饰品，然后再迅速转手卖给珠宝店，换取现金，通过这种购物方式的转换，黑钱马上被"洗白"；（6）许多上市公司或国有企业的高管人员，采用转移企业资产到国外，企业管理层与境外公司通过"高进低出"或者"应收账款"等方式，将国内企业的资产掏空。而后是销毁证据，漂白身份。

  在反洗钱工作的严格要求下，大多数发卡银行都会遵循"了解你的客户"和"了解你的业务"的原则，对申请人的资料进行严格的资信审核，确认申报材料的真实性。同时，发卡银行也会慎重选择发卡营销外包服务商，并严格约束与外包商之间的外包关系，对于发卡营销外包服务商或单位批量提交的申请资料，发卡机构也开始加大了资信审核力度。收单银行应建立健全对特约商户和 POS 机具的管理制度，按照"一柜一机"的要求布放 POS 机具，严格按照相关业务规范设置商户编码、商户名称、商户服务类别码、商户地址等关键信息，为发卡银行对交易风险度的判断和对交易的正常授权提供准确信息。另外，收单银行还应建立健全日常监控机制，对商户的交易量突增、频繁出现大额或整数交易可疑现象，收单银行应及时进行监控和调查。目前中国银联建立的银行卡风险信息共享系统是包括不良持卡人、黑名单商户等银行卡重要负面信息的系统。发卡银行和收单银行在办理相关业务时对确认的不良持卡人、商户名单会及时报至该系统，以实现信息共享。而随着反洗钱工作的不断深入,反洗钱的工作开始向着房地产买卖市场进行渗透与部署。中国人民银行北京营业部、北京市住户和城乡建设委员会、中国银监会北京监管局2017年4月20日联合下发了《关于房地产开发企业房地产经纪机构履行反洗钱义务的通知》,要求房地产开发企业自2017年5月1日起试行在售房、房地产经纪机构提供二手房买卖经纪服务时,房屋交易当事人购房款以银行转账的方式支付,且必须使用出卖人和买受人的银行账户,通过预售资金、存量房交易资金监管账户进行资金支付。如果发生退款行为,应按原支付途径,将资金退回出卖人和买受人银行账户。确需使用现金支付的,须经买卖双方银行账户完成,办理该项业务的商业银行须按照国家反洗钱的相关规定,对当日单笔交易或累计交易人民币5万元(含)以上的现金缴存,报告大额交易。房地产开发企业、房地产经纪机构在售房、提供经济服务中,有承担识别问题交易的义务与责任。发现可疑交易行为,应向反洗钱行政主管部门或公安机关报告。目前,在北京、上海、深圳、广州这些个城市,用现金一次性支付300万元以上的买房现象相当普遍,有的甚至一次性支付1000万元以上的现金来购买豪华别墅,而这些购房行为有很大的洗钱嫌疑。

37. 信用卡里不要随便存钱

目前国内各大商业银行发行的借记卡都是遵循存款有息的原则。当然，借记卡里的存款除了可以按照活期储蓄存款计息外，还可以存入定期并获得更高的利息收益。目前国内人民币定期存款通常分为3个月、6个月、1年、2年、3年、5年六个利率档次，存款存入方式可以是现金存入、转账存入或同城提出代付。若部分提前支取，则剩余定期存款不低于起存金额时，则对提取部分按支取日挂牌公告的活期存款利率计付利息，剩余部分存款按原定利率和期限执行；若剩余定期存款不足起存金额时，则应按支取日挂牌公告的活期存款利率计付利息，并对该项定期存款予以清户。中资企业外汇定期存款可分为1个月、3个月、6个月、1年、2年五档。人民币单位定期存款在存期内按照存入日挂牌公告的定期存款利率计付利息，遇利率调整，不分段计息。需要注意的是，持卡人到柜台办理业务时，要特殊提示一下工作人员，还有就是要记住到期日，因为普通的查询根本看不出卡内有定期。

目前许多商业银行都针对自己的目标客户群推出了借记卡的利息优惠政策。其中的中国工商银行"薪金溢Ⅰ号"就是针对该行代发工资客户（持薪金卡客户）推出的特色储蓄创新产品。当借记卡持卡人账户季日均余额超过1万元（含）时，即可享受6个月定期储蓄利率；当借记卡账户日均超过5万元（含）时，即可享受1年期定期储蓄利率，利率在同档次定期存款基准上上浮20%，每季度付息一次。国内主要商业银行借记卡存款利率见表12。

表12　　　　国内部分商业银行存款利率表　　　　单位:%

银行名称	活期	3个月	6个月	1年期	2年期	3年期	5年期
中国人民银行基准	0.35	1.10	1.30	1.50	2.10	2.75	—
中国工商银行	0.30	1.35	1.55	1.75	2.25	2.75	2.75
中国农业银行	0.30	1.35	1.55	1.75	2.25	2.75	2.75
中国建设银行	0.30	1.35	1.55	1.75	2.25	2.75	2.75
中国银行	0.30	1.35	1.55	1.75	2.25	2.75	2.75
交通银行	0.30	1.35	1.55	1.75	2.25	2.75	2.75
邮政储蓄银行	0.35	1.35	1.51	2.03	2.50	3.00	3.00
招商银行	0.35	1.35	1.55	1.75	2.25	2.75	2.75
光大银行	0.30	1.50	1.75	2.00	2.41	2.75	3.00

续表

银行名称	活期	3个月	6个月	1年期	2年期	3年期	5年期
中信银行	0.30	1.50	1.75	2.00	2.40	3.00	3.00
华夏银行	0.30	1.50	1.75	2.00	2.40	3.10	3.20
兴业银行	0.30	1.50	1.75	2.00	2.75	3.20	3.20
平安银行	0.30	1.50	1.75	2.00	2.50	2.80	2.80
浦发银行	0.30	1.50	1.75	2.00	2.40	2.80	2.80
民生银行	0.30	1.50	1.75	2.00	2.45	3.00	3.00
恒丰银行	0.35	1.43	1.69	1.95	2.50	3.10	3.10
广发银行	0.30	1.50	1.75	2.00	2.40	3.10	3.20
北京银行	0.35	1.505	1.765	2.025	2.50	3.15	3.15
北京农商银行	0.30	1.40	1.56	1.95	2.52	3.20	3.30
宁波银行	0.30	1.50	1.75	2.025	2.60	3.10	3.30
南京银行	0.35	1.40	1.65	1.90	2.52	3.15	3.30
泉州银行	0.42	1.944	2.232	2.52	3.055	3.90	4.225
微商银行	0.35	1.43	1.69	1.95	2.73	3.33	4.00
厦门银行	0.385	1.21	1.43	1.80	2.52	3.30	3.30
江苏银行	0.35	1.40	1.67	1.92	2.52	3.10	3.15

注：（1）自2014年11月22日起，中国人民银行不再公布金融机构五年期定期存款基准利率；（2）数据截至2017年6月末。

信用卡和借记卡都属银行卡范围，但却各有各的功能。如果持卡人将信用卡当作借记卡来用，存入现金非但没有利息，反而会增加额外的费用。因此，尽量不要超额还款，在信用卡内存溢缴款。西安李先生见最近股市行情不错，心里非常痒痒，于是想办法筹来了一笔钱打算买一只看好的新股票。不料

37. 信用卡里不要随便存钱

李先生到银行自助设备区进行操作时,误将110余万元存入信用卡。张先生如果想取钱出来就要向银行支付万余元手续费,如果选择销卡处理,可不缴手续费,却需要数十工作日后方能拿到钱,而且存入信用卡的钱也没有利息。李先生多次找到开卡银行方希望能妥善解决此事,但一直未取得进展。银行根据信用卡章程规定,若李先生取款,则需要支付手续费;若暂不支取,李先生可申请销卡处理,银行将在45个工作日后,把这笔钱打入李先生指定的账户。几经权衡之后,李先生只能到开卡银行申请办理了销卡业务。李先生非常后悔但又没有更好的办法:尽管不用再缴手续费,但他在一个多月后才能拿到钱,这个期间借来的110余万元自己要支付朋友利息,又耽误了打新股,这个损失应该不会小。如今,信用卡持卡人越来越多,但很少有人知道,从信用卡里取出自有存款时有可能产生一定的手续费用,专业叫法为"溢缴款"领回手续费。业内人士也提醒信用卡持有者,在使用信用卡时一定要注意一些使用细节,以避免产生不必要的费用。众所周知,信用卡最大的优点就是先消费后还款,待下月还款日时把钱还上,从而增加了个人资金的流动性。而"溢缴款"是指信用卡持卡人还款时多缴的资金或存放在信用卡账户内的资金。若信用卡持卡人本期需要还款的金额为1500元,而信用卡持卡人实际还款的金额为2000元,这多出的500元就是溢缴款。溢缴款可以增加信用卡的可用额度,或直接用于消费还款。如果信用卡内有溢缴款,消费时会先扣溢缴款,再扣信用额度;若溢缴款大于消费金额，就不会形成透支；但如果要取出这部分资金，持卡人可能需要支付一定的手续费。建议信用卡持卡人最好避免"溢缴款"。因为按照常理，存在卡里的钱可以生利息，而信用卡与储蓄卡不同，即使持卡人的账户内有多余的钱，也不会产生利息。反之，如果想把溢缴款从信用卡中取回，可能还会产生一定的费用，这就是溢缴款领回手续费。目前，多数银行对持卡人提取信用卡溢缴款的收费标准多在 0.5%～1% 之间，个别商业银行收费标准更是高达 3%。这也就意味着，持卡人多往信用卡里存 1 万元，如果想取现，可能要被收取 50～300 元不等的费用。但是，越来越多的商业银行如今已加入了"信用卡溢缴款同城取现免费"的"军团"。中国工商银行、中国建设银行、交通银行、民生银行、广发银行已取消了上述手续费。持卡人在同城的 ATM 或柜台取现，均免收手续费。尽管已有银行取消了信用卡溢缴款同城取现的手续费，但在信用卡额度足够使用的情况下，不要轻易往信用卡里存钱，尽量选择根据账单足额还款，或者设置与信用卡关联的借记卡实行自动扣款。对于已产生的溢缴款的处理，银行人士建议，金额较小的，尽量用刷卡消费来使用。信用卡刷卡消费会主动默认先使用溢缴款额度，然后才动用信用卡的信用额度。至于信用卡溢缴款金额较大的，建议尽量不要在自助设备上直接取现。不妨通过银行渠道将信用卡内的资金转入相应的借记卡账号中，相对来讲，转账手续费封顶，较溢缴款取现手续费收费会更低。

38. 信用卡安全使用须知

近年来,信用卡诈骗案件频繁出现报端,不少人士由于使用信用卡而被诈骗并折损钱财,且大多数持卡人总是把责任推卸给发卡银行或者是信用卡本身。应该讲,从目前遭受信用卡诈骗的大量案件中不难看出,持卡人疏于防范特别是使用不慎造成的信用卡信息被不法分子窃取,是信用卡持有人蒙受损失的重要原因。因而,养成规范用卡和安全用卡的良好习惯是保证自身信用卡安全的最好保证,要比拥有什么介质的信用卡更重要。换句话说,即使持卡人拥有芯片卡但没有规范与安全使用信用卡的强烈意识,同样也会是财富不保。

信用卡持卡人在 ATM 上进行查询或取现时,要留意 ATM 上是否有多余的装置或摄像头;输入密码时应尽量快速并用身体遮挡操作手势,以防不法分子窥视;不要随便接受"热心人"的帮助,被其他人引开注意力时,应用手捂住插卡口,防止骗子将卡掉包。请持卡人记住,银行工作人员绝对不会询问取现密码,如果遇到询问密码的"工作人员"一定要加小心。信用卡持卡人不要向他人透露自己的密码，也不要设置过于简单的数字排列密码，像"888888"或者"123456"之类的密码、或者是持卡人将自己的出生日期作为信用卡的密码设置。刷卡进入自助银行的门禁时是无需进行输入密码操作。持卡人若选择打印 ATM 交易单据后，不要随手将交易单据丢弃，而应将交易单据妥善保管或者销毁交易单据。持卡人操作 ATM 时若出现机器吞卡或不吐钞的故障，请持卡人不要轻易离开现场，最好在原处直接致电发卡银行服务热线进行求助。持卡人应认真识别银行公告，千万不要相信要求将钱转到指定银行账户的公告。持卡人发现此类公告应尽快向银行和公安机关举报。目前银行卡短信诈骗比较频繁，持卡人收到可疑的手机短信时应该谨慎确认。如有疑问，应该直接致电发卡银行服务热线进行查询，不要致电短信中的联系电话。

　　当持卡人申请到银行卡后，务必在卡的背面进行签名。按照规定，在商场消费时持卡人不要让信用卡离开视线范围，而且刷卡 POS 机必须在收款台的上面进行操作，且应该是一次刷卡成功。若收银员多次刷卡操作应引起持卡人警觉，确认是否是机具出现故障或是故意盗刷持卡人信息。持卡人在在商业消费场所消费输入密码时，应尽可能用身体或另一只手遮挡操作手势，以防不法分子窥视信用卡信息；而拿到收银员交回的签购单及其卡片时，持卡人应认真核对签购单上面的金额是否正确无误，同时确认收回的信用卡是否是本人的信用卡。持卡人要妥善保管交易单据，刷卡消费时若出现重复扣款现象，可凭交易单据和对账单与开卡银行及时取得联系。若已经取消刷卡交易改用现金付款，持卡人应马上要求商户撕毁其保留的刷卡签购单并妥善保管好现金付款凭据。持卡人在收到银行卡对账单后应及时核对用卡信息，如有疑问应及时致电发卡银行的服务热线进行查询。

持卡人申请进行境外网上交易前，应提前开通网上交易功能，在完成境外交易后及时关闭该网上交易功能，避免发生后续风险交易。持卡人在进行境外网上交易时，可申请开通威士 VBV 服务，即 VISA 验证。在境内进行网上交易时尽量使用发卡银行个人客户证书 U 盾或电子口令卡进行交易；不要使用不明链接或电子邮件提供的银行网站；对以"异常账户活动"理由要求持卡人提供银行卡卡号及其密码的电子邮件或银行网站要保持高度警惕。持卡人不要在公共网络场所进行进行网上交易，以防止银行卡号及密码等重要信息被他人盗取，持卡人尽可能选择信誉好、运营时间较长的网上商户，防止不法网上商户盗取持卡人用卡信息或者其他个人资料。持卡人应养成保留网上消费记录的良好习惯以备出现业务纠纷时能够及时查询原始记录，及时检查银行账户交易明细，发现不明支出款项，立即联络发卡银行。

持卡人不要通过非法中介机构办理信用卡，也不要通过提供非真实资料进行办卡申请，以免对个人的资信状况造成负面影响。持卡人不要申请超过自己所能负担的信用卡数量，应根据自己的经济能力进行信用卡消费，以免背上无法承担的债务。持卡人办理信用卡贷款或透支取现前,应先仔细评估所需支付的成本和利息,合理使用信用卡透支功能。持卡人营养成理性的付款习惯,按时归还信用卡透支款项,以免因账户逾期拖欠或未足额偿还最低还款额而产生不良信用记录,从而给持卡人自身的信用带来负面影响。持卡人应及时核对账单金额的正确性,若有疑问,应及时向发卡银行进行询问。持卡人为了及时了解信用卡账户的使用情况,持卡人应向自己的发卡银行申请账户变动短信提醒服务,第一时间了解自己信用卡账户的余额变动情况,做到心中有数。若发现交易非本人所为,应及时联系发卡银行服务热线进行查询处理。

持卡人为了降低个人资料被盗用的风险,应尽可能直接到银行柜台办理信用卡申请手续,不要委托他人或非法中介机构代办信用卡。提供个人身份证复印件申办信用卡时,为了防止身份证复印件被挪作他用,可在复印件上注明"此复印件仅供申办某银行信用卡用"字样。持卡人接到自称银行工作人员的电话询问有关信用卡卡号、银行账号及其密码有关个人账户资料时,应提高警惕。不要把自己的身份证、信用卡转借给他人使用,更不要泄露自己的银行卡卡号及其有效期,持卡人应妥善保管好取现密码和卡号。若发现非法中介或套现商户,请致电发卡银行服务热线进行举报,共同维护好银行卡健康良好的发展环境。

持卡人的手机、单位电话、对账单地址和邮编联系方式发生变动时应及时通知银行进行信息更新,以保证银行能够随时与持卡人取得联系。建议在境外用卡时开通手机跨国接收短信或电话漫游功能，以便及时接收银行发送的交易信息提醒。若持卡人的孩子或亲属持副卡在境外长期工作或留学用卡，建议持卡人将副卡的交易提醒短信接收人设置修改为在境内的主卡持卡人，以便主卡持卡人及时关注副卡所发生的交易，更有效地管理副卡的财务支出。持卡人发现卡片被盗或丢失，应及时拨打发卡银行服务热线进行挂失。持卡人应注意在每月查收上月对账单，如果对账单中的数据有异常交易，请及时联系发卡人行进行处理。持卡人应积极配合发卡银行对交易的短信或者电话提醒进行确认，发现异常交易应及时查询或提出拒付，并积极协助有关方面进行调查、必要时报案并请警方处理。主持卡人若发现副卡出现异常大额、多笔交易，应及时联系副卡持卡人核实情况，若确认交易异常应及时联系银行提出止付。